인물중심 52주 구역공과(신약편)

# 신앙생활을 리드하는 구역예배

### 21세기구역공과편찬위원회

좋은 책으로 하나님의 사람을 만들어가는
엘 맨

\*

## 신앙생활을 리드하는 구역예배
(인물중심 신약편)

\*

인쇄 - 2016년 12월 30일
발행 - 2017년 1월 1일

\*

지은이 - 21세기구역공과편찬위원회
펴낸이 - 채 주 희
펴낸곳 - 엘맨출판사

\*

서울시 마포구 신수동 448-6
출판등록 - 제10-1562호(1985.10.29)

\*

Tel. / 02-323-4060, 322-4477.
Fax / 02-323-6416
e-mail / elman1985@hanmail.net

\*

잘못된 책은 바꾸어 드립니다.
무단복제를 금합니다.

\*

값 6,500원

인물중심 52주 구역공과(신약편)
# 신앙생활을 리드하는 구역예배

## 공과를 내면서

세월은 흘러 인생은 가야할 곳으로 가고 있지만, 우리는 그 삶의 과정에서 반드시 해야만 할 일이 있고, 그 중에서도 우리의 영혼을 살찌우는 일은 무엇보다도 중요합니다. 신앙의 기초를 든든히 하는 일, 믿음의 기둥을 세우는 일, 그리고 바람이 불어도 날아가지 않을 지붕을 씌우는 일, 이 모든 것이 예배와 교육으로 이루어집니다. 구역예배는 글자 그대로 구역 식구들이 모여서 하나님께 예배드리는 시간입니다. 그런 가운데 말씀을 읽고, 듣고, 마음에 새기게 됩니다. 그러기에 기독교의 예배는 그 자체가 교육입니다. 그리고 예배와 함께 구역은 모여서 성도의 교제를 나누는 귀한 공동체적 시간입니다. 이 시간을 통하여 우리의 믿음과 신앙생활이 성장하고 발전하는 것입니다. 그런고로 우리는 구역예배의 모임에 소홀히 해서는 안될 것입니다.

이번 구역공과는 신약성경에 나오는 인물을 중심으로, 그들의 생애와 성품을 살펴보고, 성경역사 속에서 그들이 남긴 중요한 발자취 가운데 우리가 본받아야 할 것과 잘못된 점들을 우리에게 적용시켜서, 하나님이 원하시는 존재가 무엇인지, 그리고 우리에게 맡겨주신 일들을 감당하는데 어떤 자세로 임해야 할 것인지 비교하면서 우리의 믿음을 키우고자 하는데 목적을 두었습니다.

이번 공과는 성경순서대로 편집하였으며, 각 과별로 읽을 말씀이 매우 많은 것도 있습니다. 인물과 관련된 성경을 모두 읽지 않고서는 이해하기 매우 어려운 것이 사실이지만, 공과의 성격상 각 인물의 생애에서 가장 중요한 사건들만을 다루었으므로, 읽을 말씀을 충분히 읽고 이해하며, 질문이나 참고할 성경구절을 꼭 찾아보면 영혼의 양식이 될 것입니다.

아무튼 구역예배를 통하여 개인의 영적 성장과 함께 교회의 성장이 이루어지기를 기대하며, 이 교제를 이용하는 모든 교회에 더 크신 하나님의 사랑이 함께 하시기를 기도합니다.

2010년 가을에
21세기구역공과편찬위원회

# 차 례

## 1월 광야의 소리 ·················································· 9
- 제1과 의로운 사람 요셉 ·································· 10
- 제2과 최상의 복을 받은 여인 마리아 ············· 14
- 제3과 광야의 선구자 세례 요한 ······················ 18
- 제4과 사도로 쓰임 받은 세리 마태 ················· 22

## 2월 눈 먼 믿음으로 ··········································· 27
- 제5과 두 소경의 믿음 ······································ 28
- 제6과 예수님의 옷을 만진 여인 ······················ 32
- 제7과 수로보니게 여인의 믿음 ························ 36
- 제8과 야고보와 요한의 어머니 살로메 ············ 40
- 제9과 배은망덕한 제자 가룟 유다 ··················· 44

## 3월 주님만 바라보며 ········································· 49
- 제10과 예수님을 장사한 아리마대 요셉 ·········· 50
- 제11과 끝까지 주를 따른 마리아 ····················· 54
- 제12과 딸을 살린 회당장 야이로 ····················· 58
- 제13과 사랑의 사도 요한 ································· 62

## 4월 십자가를 내가 지고 ··································· 67
- 제14과 신앙의 개척자 바디메오 ······················ 68
- 제15과 십자가를 억지로 진 사람 ····················· 72
- 제16과 의사요 문학가 누가 ······························ 76
- 제17과 벙어리가 된 제사장 사가랴 ················· 80

## 5월 벙어리가 되어도 ·········································· 85
- 제18과 열심당원 셀롯인 시몬 ························· 86
- 제19과 이웃 사랑의 모범 사마리아인 ················· 90
- 제20과 헌신적인 여인 마르다 ·························· 94
- 제21과 값비싼 향유를 부은 마리아 ··················· 98
- 제22과 감사의 본이 된 문둥이 ························· 102

## 6월 뽕나무 위에서 ·········································· 107
- 제23과 구원받은 세리장 삭개오 ······················· 108
- 제24과 역사의 죄인 빌라도 ····························· 112
- 제25과 형제를 전도한 제자 안드레 ··················· 116
- 제26과 친구를 전도한 제자 빌립 ······················ 120

## 7월 물동이를 버리고 ······································· 125
- 제27과 간사함이 없는 나다나엘 ······················· 126
- 제28과 거듭남의 비밀 니고데모 ······················· 130
- 제29과 물동이를 버린 여인 ····························· 134
- 제30과 신앙적 회의론자 도마 ·························· 138

## 8월 낙타의 무릎으로 ······································· 143
- 제31과 실패를 극복한 마가 ····························· 144
- 제32과 낙타의 무릎을 가진 야고보 ··················· 148
- 제33과 드러나지 않은 일꾼 맛디아 ··················· 152
- 제34과 예수님의 수제자 베드로 ······················· 156
- 제37과 욕심 때문에 망한 부부 ························· 160

## 9월 선교의 선구자 · 165
제36과 초대교회 순교자 스데반 · 166
제37과 이방인 선교의 선구자 빌립 · 170
제38과 다시 살아난 여제자 도르가 · 174
제39과 하나님께 인정받은 고넬료 · 178

## 10월 충실한 조력자 · 183
제40과 위안과 격려의 사도 바나바 · 184
제41과 최초의 순교자 야고보 · 188
제42과 경건한 젊은 목회자 디모데 · 192
제43과 복음 전파의 충실한 조력자 실라 · 196
제44과 마게도냐 최초의 개종자 루디아 · 200

## 11월 아름다운 동역자 · 205
제45과 아름다운 동역자 아굴라와 브리스길라 · 206
제46과 탁월한 유대인 전도자 아볼로 · 210
제47과 졸고 있는 유두고 · 214
제48과 위대한 복음 전도자 바울 · 218

## 12월 숨은 일꾼들 · 223
제49과 겐그레아의 여집사 뵈뵈 · 224
제50과 숨은 일꾼 두기고 · 228
제51과 헌신의 사람 에바브로디도 · 232
제52과 믿음의 아들 오네시모 · 236

# 1월

## 광야의 소리

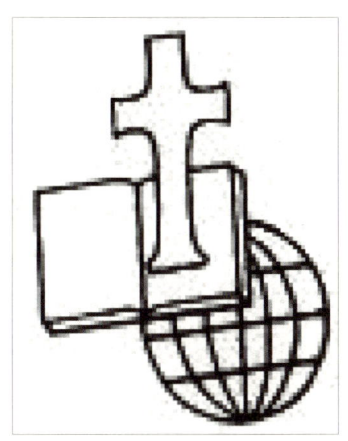

# 제1과
# 의로운 사람 요셉

성경본문 : 마 1:18-25, 2:13-23
찬송 : 123, 120

"요셉이 잠을 깨어 일어나 주의 사자의 분부대로 행하여 그 아내를 데려왔으나 아들을 낳기까지 동참하지 아니하더니 낳으매 이름을 예수라 하니라"(마 1:24-25)

### 인물탐구

요셉의 이름은 '하나님께서 더하신다'라는 뜻이 있습니다. 그는 다윗의 자손이며 베들레헴 출신으로서 예수의 부친이며, 마리아의 남편입니다(마1:16). 그의 직업은 목수이며, 예수 외에 네 아들 야고보, 요셉, 유다, 시몬과 여러 딸들이 있습니다.

정혼한 마리아가 동거하기 전에 잉태한 사실을 알고도 가만히 끊고자 한 것으로 보아 의롭고 이해심이 많은 자이며, 천사의 지시대로 헤롯 대왕을 피해 애굽으로 떠난 것으로 보아 주의 말씀만을 신뢰하고 순종한 자입니다.

### 1. 아내를 사랑하는 지혜

만일 아내가 자신과는 상관없이 임신을 하였다면 우리는 어떻게 할까요? 결코 용서할 수 없는 일이요, 얼굴을 들고는 살수 없을 정도로 창피를 당하고 쫓겨날 것입니다. 그러나 요셉은 마리아가 자신과 동거하기도 전에 임신한 사실을 겉으로 들어 내지 않고 조용히 해결하려 하였습니다.

♥ 마 1:18, 19을 읽고, 요셉이 조용히 파혼을 하려고 했는지 생각해 봅시다.

요셉과 같이 불쾌한 일을 당했을 때, 남의 허물을 크게 들추어내어 문제 삼지 않고 조용히 해결하려는 넓은 이해심을 가진 사람은 성숙한 신앙인이라고 할 수 있습니다. 내 문제는 '쉬쉬' 하면서도 다른 이의 허물에 대해서는 너그럽게 용서하지 못하는 우리들의 자신을 돌아봐야 할 것입니다.

### 2. 의심하지 않는 사랑

요셉은 주의 사자로부터 마리아가 성령으로 잉태되었음을 듣고는 아무런 의심 없이 마리아를 아내로 맞아들였습니다(마 1:24). 부부관계에서 가장 힘든 것이 의심입니다. 한 가지 의심은 또 다른 의심을 낳게 합니다. 그래서 한 번 의심병에 걸리면 치유가 힘들어지는 것입니다.

신앙이란 의심 없이 믿는 것을 의미합니다. 그런데 오늘날 우리는 인간의 이성과 과학으로 입증될 수 있는 부분만을 믿으려하지 않습니까? 그러나 진정 인간의 논리와 과학으로는 전능하신 하나님의 역사를 다 이해할 수 없습니다. 요셉은 성령으로 말미암아 잉태한 사실을 믿고, 하나님의 뜻에 순종하였을 때, 예수의 육신적 아버지가 되는 복을 받았습니다.

♥ 우리는 (      )이 없이는 하나님을 기쁘시게 할 수 없습니다. (히 11:6).

### 3. 순종하는 믿음의 사람

예수께서 탄생하신 후, 천사가 요셉의 꿈에 나타나서 "헤롯이 아기를 찾아 죽이려 하니 어서 일어나 아기와 아기 어머니를 데리고 이집트로 피신하여 내가 알려 줄 때까지 거기에 있어라"고 일러주었습니다. 요셉은 일어나 그 밤으로 아기와 아기 어머니를 데리고 이집트로 가서 헤롯이 죽을 때까지 거기서 살았습니다.

 헤롯왕이 죽은 뒤에 주의 천사가 이집트에 있는 요셉의 꿈에 나타나서 "아기의 목숨을 노리던 자들이 이미 죽었으니 일어나 아기와 아기 어머니를 데리고 이스라엘 땅으로 돌아가라"고 일러주었습니다. 요셉은 일어나서 아기와 아기 어머니를 데리고 이스라엘 땅으로 돌아 왔습니다.

♥ 하나님은 성도의 순종을 무엇보다도 더 기뻐하신다고 하였습니까?(삼상 15:22)

_____

_____

♥ 하나님의 말씀에 순종하는 자에게 주시는 복은 무엇입니까?(신 28:1-6).

_____

_____

## 비교하기

《요셉과 나를 비교하여 본받을 점과 고칠 점을 기록해 봅시다》

## 실천하기

《오늘의 말씀을 생각하면서, 한 주간 동안 꼭 실천할 것을 기록해 봅시다》

## 점검하기

《한 주간 동안 나의 신앙생활을 점검해 봅시다》

| | |
|---|---|
| ① 하나님 앞에 온전한 예배를 드렸습니까? | 예, 아니오 |
| ② 날마다 기도를 열심히 했습니까? | 예, 아니오 |
| ③ 매일 성경을 읽었습니까? | 예, 아니오 |
| ④ 지난 주 실천사항을 실천했습니까? | 예, 아니오 |

## 기도하기

《구역식구들의 형편과 처지를 생각하며, 기도제목을 나누고 함께 기도합시다》

## 제2과
## 최상의 복을 받은 여인 마리아

성경본문 : 마 1:18-25, 2:13-23
찬송 : 117, 137

"예수 그리스도의 나심은 이러하니라 그의 어머니 마리아가 요셉과 약혼하고 동거하기 전에 성령으로 잉태된 것이 나타났더니 "(마 1:18)

### 인물탐구

마리아라는 의미는 '높여진 자'라는 뜻입니다. 유다 지파, 다윗 가문의 출신이며, 요셉의 아내이며, 예수 그리스도의 모친이자 동시에 예수님의 생애 전체에 걸쳐 가장 큰 사랑으로 그를 돌보았던 신실한 예수의 추종자였습니다.

처녀의 몸으로 천사의 수태고지를 믿음으로 받아들인 것으로 보아 신앙을 위해서는 자기 고통을 각오할 정도로 확고한 신앙을 소유한 여인이며, 주의 법도를 사랑하며, 그리스도를 믿음의 주로 받아들일 정도로 순종적이고 신실하고 사랑이 많고 온유한 성품의 여인이었습니다.

### 1. 분별력이 있는 신앙

많은 사람이 맹목적인 신앙생활을 하는 경우가 많이 있습니다. 겉으로 들어 난 특별한 무엇이 있고 감동이 있으면 은혜 받았다고 생각하고 거기에 빠지는 경향이 있습니다. 그래서 많은 사람이 그 특별한 것에 홀려 이단에도 잘 빠지게 됩니다. 천사도 광명한 천사로 나타나기 때문에 그것을 분별한다는 것은 쉬운 것이 아닙니다. 그래서 많은 사람들이 진짜 주님의 가르침은 거절하고 잘못된 가르침에 빠져 들어가는 경우가 많이 있습니다.

그러나 본문에 나오는 마리아는 아주 분별력이 있어서 하나님의 계시를 바로 이해하고 있었기 때문에 천사의 메시지가 하나님의 말씀임을 믿은 것입니다.

주님을 열심히 섬기는 것도 중요하지만, 그보다 더 중요한 것은 바른 분별력을 가진 신앙이 필요합니다. 사람이 많이 모이고 일도 활발하게 하는 교회라도 분별력 있는 신앙인이 없으면 교회는 힘이 없습니다. 어떤 잘못된 사상이 들어오면 걷잡을 수 없이 흔들리고 맙니다. 그러므로 분별력 있는 신앙과 덕과 인격을 가진 사람이 있어서 가짜를 가려내고 진짜를 분별해 내는 일이 얼마나 중요한지 모릅니다.

♥ 고전 12:9-10에서 우리에게 주시는 은사는 어떤 것들입니까?

---
---

## 2. 모험적인 신앙

약혼한 처녀가 임신을 한다는 것은 오늘의 시대에도 감당키 어려운 시련입니다. 하물며 그 당시 유대 풍속으로는 파혼은 물론, 돌에 맞아 죽어야 했습니다. 그러나 천사의 계시대로 믿고, "주의 계집종이오니 말씀대로 이루어 지이다"라고 하는 모험적인 순종을 한 것입니다. 믿음이 없이는 모험을 할 수 없는 것입니다. 예수님은 이와 같이 희생과 모험적인 신앙을 통해서 이 땅에 오시게 된 것입니다.

♥ 믿어지지 않는 일이 생겼다면 그것을 어떻게 하겠습니까?

---
---

오늘날 우리의 신앙에도 희생과 모험이 요구됩니다. 이왕 주님을 믿기로 작정했으면 그 풍성한 은혜의 바다로 헤엄쳐 나가야 합니다. 모든 것을 하나님께 온전히 맡기고, 하나님의 은혜의 세계로 깊이 들어가면 거기에는 말로 다 할 수 없는 보화가 있는 것을 발견하게 될 것입니다.

### 3. 순종하는 신앙

마리아는 유대의 엄격한 관습에도 불구하고 성령을 통한 하나님의 잉태를 믿음으로 받아들였습니다. 이는 하나님의 뜻이 귀중한 줄을 알아 자신의 고통 감수와 인내를 전제로 하며, 그 뜻에 겸손히 순복하는 실로 대단한 결단의 모습입니다.

그리고 마리아는 그리스도의 잉태로 말미암아 하나님의 은혜를 감사하였습니다. 이처럼 우리도 하나님께서 예수 그리스도로 말미암아 당신의 자녀가 되게 하신 놀라운 사랑과 은혜를 항상 찬양해야 합니다.

♥ 마리아는 자신의 잉태에 대하여 하나님께 어떤 태도를 가졌습니까?(눅 1:35-37,46-48).

---
---

## 비교하기

《마리아와 나를 비교하여 본받을 점과 고칠 점을 기록해 봅시다》

## 실천하기

《오늘의 말씀을 생각하면서, 한 주간 동안 꼭 실천할 것을 기록해 봅시다》

## 점검하기

《한 주간 동안 나의 신앙생활을 점검해 봅시다》

| | |
|---|---|
| ① 하나님 앞에 온전한 예배를 드렸습니까? | 예, 아니오 |
| ② 날마다 기도를 열심히 했습니까? | 예, 아니오 |
| ③ 매일 성경을 읽었습니까? | 예, 아니오 |
| ④ 지난 주 실천사항을 실천했습니까? | 예, 아니오 |

## 기도하기

《구역식구들의 형편과 처지를 생각하며, 기도제목을 나누고 함께 기도합시다》

# 제3과
# 광야의 선구자 세례 요한

성경본문 : 마 3:1-12
찬송 : 274, 197

"…광야에 외치는 자의 소리가 있어 이르되 너희는 주의 길을 준비하라 그가 오실 길을 곧게 하라…"(마 3:3)

### 인물탐구

　　요한은 '여호와는 은혜로우시다'라는 뜻입니다. 아비야 반열의 제사장 사가랴와 아론의 자손 엘리사벳의 아들이며, 예수님의 친척으로 예수님보다 6개월 먼저 태어났습니다. 유대 광야에서 거주하였으며, 예수님께 요단강에서 세례를 베풀었다 하여 '세례 요한'이라 불립니다. 그는 분봉왕 헤롯 안디바의 불의한 결혼을 비난하여 목 베임을 당하였습니다.

　당시 종교 지도자들과는 달리 메뚜기와 석청을 먹고, 약대 털옷을 입고 지낸 검소한 자이며, 진실된 회개의 촉구와 더불어 세례를 베푼 소명에 투철한 자입니다. 또한 예수님에 대하여 증거 하면서, 자신은 예수님의 신들메를 풀기도 감당치 못하겠노라 할 만큼 겸손한 자이기도 합니다.

### 1. 회개의 세례를 전파했습니다.

♥ 세례 요한에게 임하신 말씀은 무엇입니까?(눅3:2)

♥ 세례 요한의 전도내용은 무엇입니까?(마3:1-2)

요한이 빈들에 있을 동안 하나님의 말씀이 요한에게 임하고, 이때부터 요한은 죄 사함을 얻게 하는 회개의 세례를 전파합니다. 세례 요한의 메시지는 당시의 많은 유대인들을 광야로 나오게 하였고, 백성이나 군병이나 세리 할 것 없이 다 그에게 나와 세례를 받게 하였습니다. 세례 요한은 참다운 회개 없이 세례 받으러 나온 무리들에게 '독사의 자식들'이라고 책망하면서 회개에 합당한 열매를 맺을 것을 촉구하였습니다(눅 3:7-14).

우리 성도들도 매일의 삶 속에 자신의 죄에 대한 고백과 아울러 그 고백에 부합되는 변화된 삶의 열매가 나타나야 하겠습니다.

### 2. 주의 길을 예비하였습니다.

♥ 세례 요한은 예수님을 어떻게 소개하고 있습니까?(눅 3:16, 요1:29, 30,34)

요한은 자신이 수행해야 할 일에 대하여 매우 잘 알고 있었으며, 그 사역을 충실히 이행해 나갔습니다. 그것은 이사야서에 기록된 바, **"광야에 외치는 자의 소리"** 가 자신이요, 또한 주님의 길을 예비하는 임무를 잘 알고 있었습니다. 예수님 보다 자신이 6개월 먼저 태어났지만, **"내 뒤에 오는 사람이 있는데 그가 나보다 앞선 것은 그가 나보다 먼저 계심이라"** (요 1:30)고 하여, 예수님은 태초부터 계신 분이시며, 하나님의 아들이심과 예수님의 속죄 사역을 미리 선포했습니다.

### 3. 불의와 타협하지 않았습니다.

요한은 당시의 유력한 세력인 바리새인과 사두개인 앞에서나, 통치자였던 헤롯왕 앞에서도 불의 앞에 조금도 굴함이 없이 그들의 잘못을 책망하며 회개를 촉구했습니다. 헤롯왕은 마음에 찔림을 받았으나, 동생의 아내 헤로디아를 자신이 차지한 일을 지적한 일로 요한을 미워하여 옥에 가두었습니다. 그러나 요한의 태도는 당당했고, 결국 이로 인해 죽임을 당합니다. 그는 불의 앞에서 죽음도 두려워하지 않고, 끝까지 불의와 타협하지 않고 순수하고 담대한 신앙의 열정을 지킨 사람이었습니다.

♥ 요한은 누구에게, 왜 죽임을 당하였습니까? (막 6:17-29)

---

---

세상에 한줄기 빛을 던져준 세례 요한의 삶은 우리들에게 광야와 같은 세상을 향하여 늘 복음을 전파하며, 불의와 타협하지 아니하고 굳게 서서 다시 오실 주님을 맞을 준비를 해야 함을 배울 수 있습니다.

## 비교하기

《요한과 나를 비교하여 본받을 점과 고칠 점을 기록해 봅시다》

## 실천하기

《오늘의 말씀을 생각하면서, 한 주간 동안 꼭 실천할 것을 기록해 봅시다》

## 점검하기

《한 주간 동안 나의 신앙생활을 점검해 봅시다》

| | |
|---|---|
| ① 하나님 앞에 온전한 예배를 드렸습니까? | 예, 아니오 |
| ② 날마다 기도를 열심히 했습니까? | 예, 아니오 |
| ③ 매일 성경을 읽었습니까? | 예, 아니오 |
| ④ 지난 주 실천사항을 실천했습니까? | 예, 아니오 |

## 기도하기

《구역식구들의 형편과 처지를 생각하며, 기도제목을 나누고 함께 기도합시다》

## 제4과
## 사도로 쓰임 받은 세리 마태

성경본문 : 마 9:9-13, 눅 5:27-32

찬송 : 459, 593

"예수께서 그 곳을 떠나 지나가시다가 마태라 하는 사람이 세관에 앉아 있는 것을 보시고 이르시되 나를 따르라 하시니 일어나 따르니라"(마 9:9).

### 인물탐구

마태란 '하나님의 선물'이라는 뜻이며, 히브리식 이름은 '레위'입니다. 가버나움에서 알패오의 아들로 태어나 세리(세무서 직원)가 되었습니다. 예수님의 열두 사도 중 한 명으로서, 예수님과 동행하면서 사역의 전부를 직접 목격한 자로서 마태복음을 기록하였습니다.

그는 예수님의 부르심에 즉각적으로 응답하고 예수님을 따른 것으로 보아 적극적이고 결단력이 있는 자이며, 마태복음을 기록할 때 자신을 가리켜 유대인들의 멸시의 상징이었던 세리로 자칭할 만큼 겸손한 자입니다. 또한 세리와 죄인들로 하여금 예수님의 말씀을 듣도록 한 것으로 보아 소외당한 동료들의 영혼을 사랑한 자입니다.

### 1. 자기 자신을 부끄러워하지 아니함

마태는 마태복음을 기록할 때, 다른 제자들은 이름만 소개하면서 자기 자신은 신분을 밝혀 "세리 마태"라고 밝히고 있습니다. 그는 당시 로마 세무서 소속으로서, 갈릴리 가버나움에서 세금을 거두는 사람이었습니다.

대부분의 세리들은 정직하지 않았습니다. 이들은 자기의 직업을 유지하기 위해서 로마당국에 일정한 금액을 바치고, 그 나머지는 자기의 주머니를 채우고, 가능하면 개인적으로 더 많은 돈을 사람들로부터 긁어모았습니다. 세리의 행동에는 탐욕과 부패와 착취가 뒤따랐습니다. 세금 수탈로 서민들이 고통을 당하는 동안 세리들은 점점 부자가 되고, 사람들에게 손가락질 당하게 되었습니다. 이런 세리 중의 한 사람인 마태였지만, 그는 부끄러워 아니하고 자신이 기록한 복음서에 자기의 결점과 약점을 나타내는 신분을 확실하게 밝히고 있습니다.

♥ 나는 나의 부끄러운 점을 남들에게 솔직하게 나타낼 자신이 있습니까? 없으면 그 이유는 무엇입니까?

---

---

### 2. 부르심에 곧 따름

예수님은 세관에서 마태를 불렀습니다. 습관적이고 인습화 된 자리에서 벗어나기란 그리 쉬운 것이 아니었지만, 마태는 예수님의 부르심에 아무 이유나 조건 없이, 변명이나 불평 없이 곧 예수님을 따라나섰습니다. 마태는 '나를 따르라'고 하시는 주님의 말씀 한 마디에 일어나 좇았습니다. 그렇다고 예수님께서 그의 직장이나 장래를 보장하신 것도 아니었습니다. 그런 예수님의 명령에 무조건 자리를 박차고 일어나 따라나선 것을 보면서, 우리는 말씀의 위력과 마태의 결단성 있는 신앙을 본 받아야 할 것입니다.

♥ 우리가 주님의 제자로서 신앙생활을 할 때, 가정, 직장, 체면, 장래의 일 등, 부담이나 짐이 되는 것은 무엇입니까?

---

---

### 3. 영광의 잔치를 베풂

누가복음에는 레위가 예수님을 위하여 자기 집에서 큰 잔치를 베풀었다고 기록하고 있습니다(눅 5:29). 사회적으로 천하고 손가락질 당하는 세리인 자신을 인정하고 불러 주셨으니, 얼마나 감사했겠습니까? 그는 잔치를 베풀어 자기가 받은 은혜에 대한 감사를 표시하고자 했습니다. 그리고 자신의 불행했던 과거는 모두 버리고 구세주와 영적으로 하나가 되는 영적인 결혼잔치를 베푼 것입니다.

♥ 골 2:12를 읽어 봅시다.

―――――――――――――――――――――――――
―――――――――――――――――――――――――

 더구나 마태는 잔치를 통하여 예수님을 소개했습니다. 자신은 낮은 자리에 앉고 예수님은 상석에 앉으셨습니다. 마태는 바로 예수님을 증거하기 위해 모든 사람들 앞에 예수님을 모셨던 것입니다. 우리도 겸손하게 예수님을 언제나 우리 마음의 상석에 모시고 살아야 하겠습니다.

## 비교하기

《마태와 나를 비교하여 본받을 점과 고칠 점을 기록해 봅시다》

## 실천하기

《오늘의 말씀을 생각하면서, 한 주간 동안 꼭 실천할 것을 기록해 봅시다》

## 점검하기

《한 주간 동안 나의 신앙생활을 점검해 봅시다》

| | |
|---|---|
| ① 하나님 앞에 온전한 예배를 드렸습니까? | 예, 아니오 |
| ② 날마다 기도를 열심히 했습니까? | 예, 아니오 |
| ③ 매일 성경을 읽었습니까? | 예, 아니오 |
| ④ 지난 주 실천사항을 실천했습니까? | 예, 아니오 |

## 기도하기

《구역식구들의 형편과 처지를 생각하며, 기도제목을 나누고 함께 기도합시다》

# 2월

## 눈 먼 믿음으로

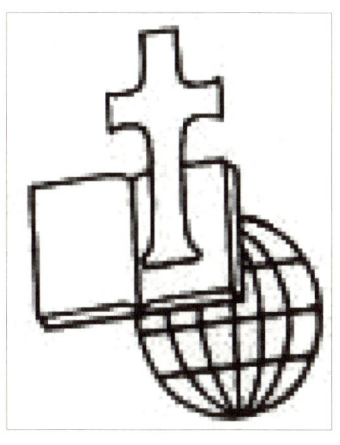

## 제5과
## 두 소경의 믿음

성경본문 : 마 9:27-31

찬송 : 536, 459

"그 눈들이 밝아진지라 예수께서 엄히 경계하시되
삼가 아무에게도 알리지 말라 하셨으나
그들이 나가서 예수의 소문을 그 온 땅에 퍼뜨리니라 "(마 9:30-31)

### 인물탐구

　　오늘 말씀은, 예수님께 두 소경이 소리를 지르며 자기들을 불쌍히 여겨달라고 부르짖은 결과 결국 눈을 뜨게 되었다는 그런 내용입니다. 이 말씀을 단순하게 보면, 주님께서 또 한 번의 기적을 나타냈다는 말씀이라고 그렇게 생각하기 쉽습니다. 그러나 이 소경들을 통하여 우리 자신의 신앙을 재점검 해볼 수 있는 기회가 되어야 하겠습니다.

### 1. 믿음은 포기하지 않는 것

♥ 소경들에게서 배워야 할 태도는 무엇입니까?

_____

_____

　　요즈음은 소경을 맹인이라고 칭합니다. 오늘 말씀에 보면, 그들이 소원을 이룰만한 믿음의 모양이 나오는데, 그것은 포기하지 않는 믿음입니다. 두 소경은 계속 따라가며 소리 질렀습니다. 누구의 집인지는 모르지만, 예수님께서 집에 들어가실 때까지 대꾸도 없으셨지만, 계속 포기하지 않고 따라가는 두 소경의 믿음이 곧 믿음대로 소원을 이룰 수 있는 믿음인 것입니다. 이는 부끄러움을 개의치 않고 주를 따라가는 믿음입니다. 예수님의 병 고치시는 능력을 확실히 믿는 믿음입니다.

그리고 그들은 "다윗의 자손이여. 우리를 불쌍히 여기소서"라고 했습니다. "다윗의 자손"이라는 호칭은 흔하게 부를 수 있는 호칭이 아닙니다. 다윗의 자손이란 유대인들에게는 메시아를 호칭하는 말입니다. 즉 왕이라는 말이요, 왕의 후손이란 뜻입니다. 이것은 메시아의 대망을 그대로 드러냈다는 뜻입니다. 메시아는 우리의 모든 문제를 해결해 주실 수 있다는 확실한 믿음의 고백이었습니다.

### 2. 믿음은 바라는 것

두 소경은 예수님을 그냥 따라다니기만 하지 않았습니다. 그들은 적극적으로 자신들의 형편을 아뢰며 도움을 청했습니다. 불쌍히 여겨달라고 주님을 바라보았습니다. 만약 어떤 사람이 어려움을 당했을 때, 상대방을 믿지 못한다면 도움을 청할 수 없을 것입니다. 상대방을 믿을 때 도움을 청하게 되는 것입니다. 두 소경은 예수님에 대해 정확히 알고 있었기에 믿고, 의지하고, 도움을 청했던 것입니다.

우리는 지금 예수님께 대한 어떠한 신앙고백을 가지고 나아와 예배를 드리고 있습니까? 그저 한번 불러보는 식으로 예수님을 찾고 있지는 않는지? 아니면 한낱 종교의식으로, 주일이니 예배에 참석했다는 양심의 위로를 얻기 위하여 교회에 다니지는 않는지 자신을 되돌아보아야 하겠습니다. 그래서 말씀도 형식으로 듣고, 찬송도 의미 없이 부르고, 기도도 문장적 표현으로만 하고 있지는 않는지 반성해 보아야 하겠습니다.

♥ 지금 내가 하나님께 대하여 간절하게 바라는 바는 무엇입니까?

## 3. 믿음은 긍정하는 것

♥ 두 소경은 예수님이 능히 눈을 뜨게 해 줄 수 있다고 믿느냐는 질문에 어떻게 답하였습니까?

---

예수님께서 소경들의 눈을 만지시며 "너희 믿음대로 되라"고 하시니, 그 눈들이 밝아졌습니다. 우리에게 예수님이 "내가 능이 이 일 할 줄을 믿느냐?"고 물으실 때, 우리들도 "주여! 그러하오이다"라고 확실한 대답을 할 수 있는 성도들이 되기를 원합니다. 이 때 하나님의 약속하신 말씀이 이루어지는 역사가 일어나게 될 것입니다.

♥ 이사야 선지자는 메시아를 어떻게 표현하고 있습니까? (사 53:5, 6)

## 비교하기

《소경과 나를 비교하여 본받을 점과 고칠 점을 기록해 봅시다》

## 실천하기

《오늘의 말씀을 생각하면서, 한 주간 동안 꼭 실천할 것을 기록해 봅시다》

## 점검하기

《한 주간 동안 나의 신앙생활을 점검해 봅시다》

| | |
|---|---|
| ① 하나님 앞에 온전한 예배를 드렸습니까? | 예, 아니오 |
| ② 날마다 기도를 열심히 했습니까? | 예, 아니오 |
| ③ 매일 성경을 읽었습니까? | 예, 아니오 |
| ④ 지난 주 실천사항을 실천했습니까? | 예, 아니오 |

## 기도하기

《구역식구들의 형편과 처지를 생각하며, 기도제목을 나누고 함께 기도합시다》

# 제6과
# 예수님의 옷을 만진 여인

성경본문 : 마 9:20-22, 막 5:25-29, 눅 8:43-48
찬송 : 495, 473

"열두 해 동안이나 혈루증으로 앓는 여자가
예수의 뒤로 와서 그 겉옷 가를 만지니
이는 제 마음에 그 겉옷만 만져도 구원을 받겠다 함이라" (마 9:20-21)

 **인물탐구**

　　　　혈루증이란 말은 '피의 유출'이라는 뜻으로, 보통 여인은 월경 때에만 피가 나오게 되는데, 이 병은 월경과 무관하게 불규칙하게 출혈됩니다. 이 병에는 기능성 자궁출혈과 기질적 자궁출혈(염증, 패혈증, 종양, 백혈병 등에 의한 병) 등이 있으며, 기질적 자궁출혈 중에서 악성은 암의 일종입니다.

　구약성서 레위기에 혈루증은 부정한 병으로 그 사람이 만지는 것은 모두 부정한 것으로 여겼으며(레 15:19-30), 당시 유대인들은 의식적인 정결을 중시하였기 때문에, 정상적인 월경도 부정한 것으로 취급되었습니다. 신약성서에 12년 동안 혈루증을 앓은 여인이 예수 그리스도의 옷자락을 만져 나은 것이 나옵니다.

## 1. 비극의 인생

　예나 지금이나 사람에게 있어서 건강 문제는 그 사람의 행복을 좌우합니다. 그래서 요즈음은 몸에 좋다 하면 가리지 않는 현대인의 모습을 볼 수 있습니다.

오늘 본문에는 12년 동안이나 혈루증으로 앓던 여인이 나옵니다. 이 여인은 이미 찾아가 보지 않은 의사가 없었고, 써 보지 않은 방법도 없었을 것입니다. 그러나 그 모든 것이 소용이 없고 오히려 더 심해져만 갔습니다(막 5:26). 뿐만 아니라, 이 여인은 하혈을 하여 불결하기 때문에 제사도 드리지 못했으며, 피가 나는 동안에는 아무도 만날 수 없고, 접촉할 수가 없었습니다. 이 여인과 접촉한 자는 다 부정하게 되기 때문입니다. 그야말로 하루하루가 소망이 없는 삶이었습니다.

♥ 사람들은 이 여인을 어떻게 취급했습니까?

---

---

## 2. 소망의 인생

절망의 늪에서 그녀는 소망의 소리를 들었습니다. 예수님께서 각색 병든 자를 고치시고, 중풍 병자도 일으키시고, 열병도 고치시고, 귀신들린 사람도 고치신다는 소문을 들었습니다. 생을 포기하려던 그 여인에게 들려 온 소식은 '기쁜 소식'이었습니다. 예수님의 소문이 이 여인의 마음을 움직이기 시작했습니다.

♥ 어떻게 그 여인이 예수님께 나오게 되었습니까? (막 5:27)

---

---

예수님의 소문을 듣는 것은 곧 은혜입니다. 예수님의 소문은 그녀로 하여금 병에서 낫고자 하는 충동을 일으켰습니다. 예수님의 소문을 듣고 이 여인은 예수님께 나아갔습니다. 불결한 이 여인은 감히 예수님께 나아가 '나를 도와주소서 나를 고쳐 주소서'라고 애원하지는 못하고, 예수님의 뒤로 가서 예수님의 옷깃을 만졌습니다.

### 3. 기적의 인생

그 여인은 처음에는 혹시 사람들이 쫓아 낼까봐 병들은 자신의 모습을 감추고 예수님을 따라다니면서 기회를 엿보고 있었습니다. 예수님이 떠나 버리면 아무 소용없는 일이므로, 병고침과 구원 얻을 기회는 이번이 마지막이라고 생각하고 예수님 곁으로 다가선 것입니다. 부정한 여인으로서 예수님과 대화하거나 그분의 손을 잡는 것은 꿈도 꿀 수 없는 일, 더구나 예수님의 손이나 옷을 만지다가 들키면 율법대로 몰매 맞아 죽을지도 모릅니다.

예수님의 옷에 손을 댄 이 여인의 행동은 삶을 포기할 수 없는 생명 운동이었습니다. 자신의 인생을 건 신앙의 행동이요, 은혜를 받고자 하는 신앙적 행동이었습니다. 믿음의 행동은 그 여인으로 하여금 기적의 인생으로 바꿔 놓았습니다. 우리들도 절망적인 상황에서도 주님께 나아가서 믿음으로 기적을 이루는 인생이 되어야 하겠습니다.

♥ 그 여인이 예수님의 옷깃을 만진 것은 단순한 호기심에서 만진 것이 아니라 무엇을 얻으려고 하였습니까? (21절)

---

---

## 비교하기

《여인과 나를 비교하여 본받을 점과 고칠 점을 기록해 봅시다》

## 실천하기

《오늘의 말씀을 생각하면서, 한 주간 동안 꼭 실천할 것을 기록해 봅시다》

## 점검하기

《한 주간 동안 나의 신앙생활을 점검해 봅시다》

| | |
|---|---|
| ① 하나님 앞에 온전한 예배를 드렸습니까? | 예, 아니오 |
| ② 날마다 기도를 열심히 했습니까? | 예, 아니오 |
| ③ 매일 성경을 읽었습니까? | 예, 아니오 |
| ④ 지난 주 실천사항을 실천했습니까? | 예, 아니오 |

## 기도하기

《구역식구들의 형편과 처지를 생각하며, 기도제목을 나누고 함께 기도합시다》

# 제7과
# 수로보니게 여인의 믿음

성경본문 : 마 15:21-28, 막 7:24-30
찬송 : 545, 481

"여자가 대답하여 이르되 주여 옳소이다마는
상 아래 개들도 아이들이 먹던 부스러기를 먹나이다
예수께서 이르시되 이 말을 하였으니 돌아가라
귀신이 네 딸에게서 나갔느니라 하시매" (막 7:28-29)

 **인물탐구**

이 여인을 마태는 '가나안 여자'라고 불렀으며, 마가는 '헬라인'으로 기록하고 있습니다. '헬라인'이라고 칭하는 것은 유대인을 이교도와 구별하는 데 일반적으로 사용되었기 때문에, 거기에는 별로 모순이 없습니다. 그 여인은 두로와 시돈 사이의 해안지방 출신으로, 바알신을 섬기던 가나안의 후손이었습니다. 그녀의 이름은 물론이고 남편이나 딸의 이름도 기록되어 있지 않습니다. 귀신이 들려 치유될 수 없는 딸의 병으로 인해 그녀는 어머니로서 이루 말 할 수 없는 고통을 겪었습니다.

## 1. 그녀의 반박

예수님은 자비를 간절히 구하는 그 여인에게 아무 말도 하지 않으셨습니다. 주님께서는 왜 병든 딸을 고쳐달라고 애절하게 울부짖는 여인을 외면하셨을까요? 그러나 예수님은 결코 그 여인에게 등을 돌리지 않으셨습니다. 맹인, 지체장애인, 정신병자, 중풍병자들을 고쳐 주셨으며, 사나운 바다를 잠재우고, 죽은 자를 살리셨습니다.

♥ 예수님이 그 여인의 간청을 외면한 것은 어떤 이유일까요?

---

아무리 기도하여도 종종 응답되어지지 않는 기도가 있습니다. 그러나 간절히 부르짖는 이들의 간구를 언제나 들으시는 주님께서는 그 기도에 응답해 주십니다. 이 여인의 소원을 예수께서 거절하신 것은 그녀의 신앙을 시험하고자 하신 데에서 기인하는 것 같습니다.

### 2. 그녀의 결의

절박한 처지에 놓인 여인은 그리스도께서 자기 딸을 치유해 주실 수 있다는 것을 알고 다시 한 번 사도들을 졸랐지만 주님의 "나는 이스라엘 집의 길 잃어버린 양 외에는 다른 데로 보내심을 받지 아니하였노라"고 말씀하셨습니다. 뿐만 아니라, **"자녀의 떡을 취하여 개들에게 던짐이 마땅치 아니 하니라"**고 까지 심한 말씀을 하셨습니다. 이러한 거절에도 굴복하지 않고 그녀는 주님의 발 아래 엎드려 울면서 계속 간구하였습니다. 수모를 당하면 당할수록 그녀는 차분하게 대답했습니다. **"주여, 옳소이다마는 개들도 제 주인의 상에서 떨어지는 부스러기를 먹나이다."**

♥ 단지 바닥에 떨어진 부스러기를 원했던 여인에게 주님께서는 무엇이라고 말씀하셨습니까?

---

마치 '네가 나를 이겼다. 너의 딸은 이제 나았다. 집으로 가라. 그러나 네가 집에 이르기 전에 딸이 달려나와 너를 마중하게 되리라'고 하시는 것과 같습니다.

## 3. 그녀의 보답

여인의 간청에 대하여 주님은 침묵과 거절, 그리고 치욕으로 대하셨습니다. 그것은 그 여인을 통하여 진실한 믿음이 고양되는 3가지 단계를 보여주고 있습니다. 결코 주님께서 그 여인을 배척하신 것이 아니라 견고한 신앙으로 말미암아 복과 사랑을 베푸시기 위한 의도에서였습니다. 집에 돌아 온 가나안 여인은 제 정신으로 돌아와 웃고 있는 사랑스러운 딸을 보고 얼마나 기쁘고 감사했을까요!

♥ 예수님께서 여인의 딸을 고치시기 위해서 직접 가셨나요?
―――――――――――――――――――――――――――――――
―――――――――――――――――――――――――――――――

가나안 여인에게 행하신 예수님의 기적은, 야이로의 경우에서처럼 자기를 필요로 하는 집에 직접 가지 않고, 있던 곳에 머무시면서 말씀으로 치유되었다는 주님의 말씀이 떨어지자마자 귀신 들린 소녀는 완전히 병이 나았습니다. 이것은 거리와는 상관없이 능력이 미친다는 것을 우리에게 보여주는 사건입니다. 주님의 사랑과 능력은 민족적 한계를 초월하며, 주님의 구원은 모든 민족을 포함한다는 사실을 알 수 있습니다.

## 비교하기

《여인과 나를 비교하여 본받을 점과 고칠 점을 기록해 봅시다》

## 실천하기

《오늘의 말씀을 생각하면서, 한 주간 동안 꼭 실천할 것을 기록해 봅시다》

## 점검하기

《한 주간 동안 나의 신앙생활을 점검해 봅시다》

| ① 하나님 앞에 온전한 예배를 드렸습니까? | 예, 아니오 |
| --- | --- |
| ② 날마다 기도를 열심히 했습니까? | 예, 아니오 |
| ③ 매일 성경을 읽었습니까? | 예, 아니오 |
| ④ 지난 주 실천사항을 실천했습니까? | 예, 아니오 |

## 기도하기

《구역식구들의 형편과 처지를 생각하며, 기도제목을 나누고 함께 기도합시다》

## 제8과
## 야고보와 요한의 어머니 살로메

성경본문 : 마 20:20-28
찬송 : 27, 400

"그 때에 세베대의 아들의 어미가 그 아들들을 데리고 예수께 와서 절하며 무엇을 구하니, 예수께서 가라사대 무엇을 원하느뇨 가로되 이 나의 두 아들을 주의 나라에서 하나는 주의 우편에, 하나는 주의 좌편에 앉게 명하소서(마 20:20-21)

 **인물탐구**

　　　　살로메란 이름의 뜻은 "샬롬"과 같은 "평화"의 뜻입니다. 살로메는 갈릴리의 여성으로서 세베대의 아내이며, 야고보와 요한 두 아들이 있습니다. 주님께 두 아들을 바쳤을 뿐만 아니라, 자신은 기꺼이 주님의 종이 되기를 자원하여 주님이 어디를 가실 적마다 뒤를 따라 다니며 숨은 봉사를 아끼지 않았던 여인이었습니다. 예수님이 십자가에 못박혀 돌아가실 때에도 그 자리를 끝까지 지켜본 여인이었습니다. 또한 안식일 날, 이른 아침 예수님의 시체에 향유를 바르고자 무덤에 갔다가 천사들로부터 부활의 첫 소식을 전해들은 복된 여인입니다.

### 1. 세속적 영광을 기대했던 여인

　　살로메는 그리스도가 세상의 왕으로서 이 땅에 높은 권력과 많은 부와 명예를 가져다주실 분으로 알고 주님을 섬겼습니다. 그래서 두 아들 야고보와 요한을 데리고 예수님께 나아와 엎드려 절을 하며, 주님의 나라가 세워질 때 하나는 주님의 우편에, 하나는 주님의 좌편에 앉게 해 달라고 청을 하였습니다. 이것을 보고 있던 다른 열 명의 제자들은 그 두 형제에 대하여 분통을 터뜨렸습니다.

♥ 이때 예수께서 제자들에게 하신 말씀이 무엇입니까? (마 20:25-28)

___

___

오늘 우리 교회 안에서도 임원선출을 할 때, 또는 안수집사나 장로선출을 할 때가 되면 누가 목사님께 잘 보였느냐, 누가 어떤 자리를 맞느냐로 다투고 시기합니다. 교회의 직분은 교회의 일을 효과적으로 수행하기 위한 봉사직이지 계급이거나 권위적인 직분이 아닙니다. 우리는 살로메와 같이 자식들을 위하는 마음은 한결같지만, 교회 안에서 세상적인 위치를 바라는 잘못된 믿음생활을 청산해야 할 것입니다.

### 2. 말씀대로 이루어짐을 깨달은 여인

두 아들의 미래를 보장해 달라고 간청하던 살로메는 예수님 자신은 목숨을 대속물로 주시러 오셨다(마 20:28)는 말씀을 듣고, 자신의 잘못된 인간 본위의 신앙과 권위적이고 이기적인 욕심을 회개하며 주님께 다시 돌아왔습니다.

그의 두 아들은 모두 다 순교자가 되었습니다. 야고보는 헤롯왕 아그립파 1세에 의해 살해되었으며, 요한은 말년에 밧모섬에 유배되어 그 곳에서 생을 마쳤습니다. 살로메가 요구한 세상 영광의 보좌는 얻지 못하였지만, 주님이 마셨던 고난의 잔을 순교를 통해, 고난을 통해 함께 마실 수가 있었으며, 또 하나님의 나라에서 주님의 보좌 좌·우편에 앉는 영광의 복을 받습니다.

♥ 그리스도인들이 누릴 진정한 영광은 무엇입니까?(벧전 1:7, 11, 2:21, 4:13)
_____

♥ 우리는 어떤 자세로 주님을 따라가야 합니까?(갈 2:20)
_____
_____

### 3. 부활의 첫 소식을 들은 여인

   안식 후 첫날 매우 일찍이 해 돋을 무렵, 예수님의 시신에 발라 드릴 기름을 준비한 살로메는 막달라 마리아와 야고보의 어머니 마리아와 함께 예수님의 무덤으로 올라갔습니다. 예수님의 무덤에 이르렀을 때 천사들로부터 주님의 부활 소식을 제일 먼저 듣는 영광을 얻었습니다.

♥ 천사가 들려준 부활의 소식은 어떤 내용이었습니까?(막 16:7)
_____
_____

   예수님의 부활하신 사실을 확인하고, 천사가 전해 준대로 제자들과 베드로에게 부활하신 주님께서 먼저 갈릴리로 가신다는 말씀을 전하기 위해서 갈보리 언덕길을 달려 내려왔습니다. 그는 부활의 주님을 열 한 사도와 다른 모든 사람들에게 증거하는 부활의 산 증인이 되었습니다.

## 비교하기

《살로메와 나를 비교하여 본받을 점과 고칠 점을 기록해 봅시다》

## 실천하기

《오늘의 말씀을 생각하면서, 한 주간 동안 꼭 실천할 것을 기록해 봅시다》

## 점검하기

《한 주간 동안 나의 신앙생활을 점검해 봅시다》

| | |
|---|---|
| ① 하나님 앞에 온전한 예배를 드렸습니까? | 예, 아니오 |
| ② 날마다 기도를 열심히 했습니까? | 예, 아니오 |
| ③ 매일 성경을 읽었습니까? | 예, 아니오 |
| ④ 지난 주 실천사항을 실천했습니까? | 예, 아니오 |

## 기도하기

《구역식구들의 형편과 처지를 생각하며, 기도제목을 나누고 함께 기도합시다》

# 제9과
# 배은망덕한 제자 가룟 유다

성경본문 : 마 26:14-29, 막 14:43-50
찬송 : 328, 378

"예수를 파는 유다가 대답하여 이르되 랍비여 나는 아니지요 대답하시되 네가 말 하였도다 하시니라"(마 26:25)

 **인물탐구**

'가룟 유다'는 '그리욧 사람 유다'라는 명칭이며, 유다는 '하나님 찬양'이라는 뜻입니다. 그는 가룟인 시몬의 아들이며, 예수님의 12제자 중 하나로서 제자들 중에서 회계 책임자로 재무를 담당하였습니다.

그는 자신의 목적을 위하여 스승을 은 30세겔에 팔아 넘긴 배은망덕한 자입니다. 그 뒤에 양심의 가책을 받아 그 돈을 대제사장과 장로들 앞에 던지고 밖으로 나가서 나무에 목을 매었으나, 땅에 떨어져 창자가 흘러나오는 비참한 죽음을 맞았습니다.

### 1. 주님을 배반한 까닭

유다는 예수님의 제자로 선택받아 3년을 함께 하면서 얼마나 많은 사랑을 받았으며 신임을 얻었겠습니까? 그러나 3년의 생활 속에서도 마음의 눈은 다른 곳을 보고 있었습니다. 예수를 통한 자신의 입신출세입니다. 아마 예수님이 왕위에 오르면 자기는 회계 일을 오래 보았기에 재무장관 정도는 될 수 있으리라 기대했을 것입니다. 뿐만 아니라 제자들 중에 회계의 직무를 맡았던 유다는 자신의 이(利)를 탐하여, 돈의 유혹에서 벗어나지 못하였습니다. 더구나 스승이신 예수님이 왕은커녕 십자가에 처형당할 것을 알고서는 미리 스승을 팔아 돈을 챙기려는 배은망덕한 일을 저지르게 된 것입니다.

♥ 유다가 예수님을 팔려는 마음은 누가 준 것입니까?(요 13:2, 27)

---

유다는 돈을 사랑했고, 그 약점을 마귀가 여지없이 공략한 것입니다. 우리는 가룟 유다처럼 돈을 사랑함이 일만 악의 뿌리가 됨을 기억하고, 돈의 노예가 아닌 진정 물질을 지배하고 다스려 하나님의 일을 위해 효과적으로 선용할 수 있는 삶을 살아가도록 하여야 합니다.

### 2. 유다를 제자로 선택하신 이유

예수님은 이미 그가 자신을 팔 것을 알고 계셨습니다. 그럼에도 불구하고 왜 제자로 선택하셨을까요? 아마 예수님은 우리들에게 교회에서 일어날 일에 대하여 미리 교훈하시려 했던 것으로 볼 수 있습니다. 즉, 교회는 가룟 유다와 같은 비극적 인물들이 존재할 것이라는 사실입니다. 하나님 백성의 공동체인 교회는 밭과 같아서 알곡과 쭉정이가 함께 자랍니다. 쭉정이를 만드는 것은 마귀의 역사입니다.

♥ 마태복음 13장의 씨뿌리는 비유에서 길가, 가시밭, 돌짝밭과 같이 열매맺지 못하게 하는 것들의 정체는 무엇입니까?

---

나아가서 유다를 선택하신 두 번째 이유는, 모든 사건을 통해 하나님의 뜻을 이루기 위해서입니다. 악을 선용하시는 하나님이심을 보여 줍니다. 악은 언제나 악입니다. 그러나 하나님은 그 악의 술수를 끝내 이기시고 선을 이루십니다.

### 3. 회개의 기회를 주시는 하나님

예수님께서는 가룟 유다가 자신을 배반할 것을 계속적으로 언급하심으로써, 유다로 하여금 회개의 기회를 주셨습니다. 그러나 유다는 끝내 이 기회를 버리고 자신의 욕심을 따라 행함으로써 멸망의 길을 선택하였습니다. 우리들도 비록 죄를 짓더라도, 하나님께서는 언제나 회개의 기회를 주시며 용서의 은총을 베푸신다는 사실을 기억하여, 주어진 회개의 기회를 통해 진정으로 회개해야 하겠습니다.

♥ 하나님이 회개의 기회를 주실 때 우리는 어떻게 하여야 합니까? (고후 13:5)

---

유다는 예수님께서 정죄되는 모습을 보고 자신의 행동을 뉘우쳤으나 진정한 회개를 하지 못하고 자살의 길을 선택하였습니다. 유다처럼 자신의 죄악에 대해 단지 후회하고 자책하는 것만으로는 아무 의미가 없습니다. 죄를 저질렀을 때 베드로처럼 철저히 통회하고 돌이킴으로써 하나님의 용서의 은총을 체험하는 우리가 되어야겠습니다.

## 비교하기

《유다와 나를 비교하여 고칠 점을 기록해 봅시다》

## 실천하기

《오늘의 말씀을 생각하면서, 한 주간 동안 꼭 실천할 것을 기록해 봅시다》

## 점검하기

《한 주간 동안 나의 신앙생활을 점검해 봅시다》

| | |
|---|---|
| ① 하나님 앞에 온전한 예배를 드렸습니까? | 예, 아니오 |
| ② 날마다 기도를 열심히 했습니까? | 예, 아니오 |
| ③ 매일 성경을 읽었습니까? | 예, 아니오 |
| ④ 지난 주 실천사항을 실천했습니까? | 예, 아니오 |

## 기도하기

《구역식구들의 형편과 처지를 생각하며, 기도제목을 나누고 함께 기도합시다》

# 3월

## 주님만 바라보며

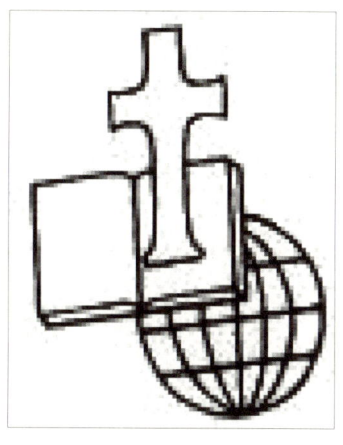

## 제10과
## 예수님을 장사한 아리마대 요셉

성경본문 : 마 27:57-66, 눅 23:50-53
찬송 : 147, 144

"공회 의원으로 선하고 의로운 요셉이라 하는 사람이 있으니,
(그들의 결의와 행사에 찬성하지 아니한 자라)
그는 유대인의 동네 아리마대 사람이요
하나님의 나라를 기다리는 자라 "(눅 23:50-51)

### 인물탐구

요셉은 아리마대 출신의 유대인으로서 부자이며, 산헤드린 공회의 의원이며, 하나님의 나라를 대망하는 사람이었습니다. 그는 산헤드린 공회에서 예수님께 사형선고를 내릴 때, 그런 결정에 동조하지 않았습니다. 예수님이 십자가에 처형당하신 후 빌라도를 찾아가 예수님의 시체를 내어줄 것을 요구하여, 자기 집안의 새 무덤에 장사하였습니다.

### 1. 바른 신앙을 가진 그리스도인

아리마대 요셉은 산헤드린 공회의 회원이지만 양심의 법에 따라 산 선하고 의로운 사람이었습니다. 의로운 사람이란 하나님의 말씀에 따라서 사는 사람이라는 뜻입니다. 아리마대 요셉은 하나님의 말씀을 순종하는 사람이었습니다.

여러분, 여러분은 무엇을 기다립니까? 부자 되기를 기다립니까? 출세하

기를 기다립니까? 무엇을 기다립니까? 물론 그런 것도 기다려야 되겠지만, 우리는 하나님의 나라가 이 땅에 이루어짐을 바라고 기다려야 합니다. 그 사람이 바로 믿음의 소유자입니다. 아리마대 요셉은 하나님의 나라를 기다리는 믿음의 소유자였습니다.

우리들도 하나님의 말씀을 따라 살며, 하나님과의 관계를 바르게 해야 하겠습니다. 그리고 하나님의 나라를 사모하며 살아가는 성도가 되어야 하겠습니다.

♥ 성경은 요셉을 어떻게 표현하고 있습니까?(눅 23: 50,51)

_____

_____

## 2. 용기 있는 그리스도인

예수님께서 십자가 죽음을 맞이하신 후에, 유대 종교 지도자들은 그 다음날이 안식일이라는 이유로 예수님의 시체를 치워 줄 것을 빌라도에게 요구했습니다. 안식일 시작 바로 전이기 때문에 사람들은 안식일 준비로 모두 돌아가고, 예수님은 십자가에 그대로 방치되거나, 아니면 로마 병정들에 의해 공동 무덤에 던져져야 했습니다. 십자가에 매달린 사람은 그 친척 중 누군가가 시체를 장사 할 수 있었습니다. 그 때에 아리마대 요셉은 자신의 신분과 위험을 무릅쓰고 빌라도에게 예수님의 시체를 달라고 하였습니다.

오늘 이 세상에도 이렇게 용기 있는 사람이 필요합니다. 진리를 과감하게 선포할 수 있는 용기, 이것은 그냥 되는 것이 아닙니다. 이것은 하나님께서 함께 계시고, 하나님께서 우리에게 믿음을 주실 때 이런 용기가 나오는 것입니다. 우리들도 용기 있게 진리를 선포할 수 있는 성도들이 되기를 원합니다.

♥ 성경은 요셉의 행동을 어떻게 표현하고 있습니까?(막 15:43)

_____

_____

### 3. 자신의 무덤을 바친 그리스도인

아리마대 요셉은 부자로서 예수님께 헌신을 했습니다. 물론 처음에는 니고데모처럼 공개적으로 예수님을 고백하지는 못했지만, 그가 자신의 새 무덤을 예수님께 바쳤다는 것은 주님께 대해서 완전히 헌신된 제자라는 것을 우리들에게 보여줍니다. 우리가 아무리 입으로 나는 신자다, 나는 예수 믿는다고 고백해도, 주님께 완전히 헌신되어지지 아니하면 그것은 의미가 없습니다. 헌신되어진 그 사람이 진정한 의미의 제자입니다.

헌신되어진 사람의 특징은 자기의 시간을 바치고, 자기의 물질을 바치고, 자기의 생명을 바치는 것입니다. 아리마대 요셉은 자신을 위하여 예비하였던 무덤을 주님을 위하여 바친 믿음의 소유자였습니다.

♥ 아리마대 요셉은 예수님의 시체를 어떻게 했습니까?(마 27:59-60)

_____

_____

## 비교하기

《요셉과 나를 비교하여 본받을 점과 고칠 점을 기록해 봅시다》

## 실천하기

《오늘의 말씀을 생각하면서, 한 주간 동안 꼭 실천할 것을 기록해 봅시다》

## 점검하기

《한 주간 동안 나의 신앙생활을 점검해 봅시다》

| | |
|---|---|
| ① 하나님 앞에 온전한 예배를 드렸습니까? | 예, 아니오 |
| ② 날마다 기도를 열심히 했습니까? | 예, 아니오 |
| ③ 매일 성경을 읽었습니까? | 예, 아니오 |
| ④ 지난 주 실천사항을 실천했습니까? | 예, 아니오 |

## 기도하기

《구역식구들의 형편과 처지를 생각하며, 기도제목을 나누고 함께 기도합시다》

# 제11과
# 끝까지 주를 따른 마리아

성경본문 : 마태 28:1-10, 누가 7:36-8:1-3
찬송 : 283, 161

"이러므로 내가 네게 말하노니 그의 많은 죄가 사하여졌도다 이는 그의 사랑함이 많음이라 사함을 받은 일이 적은 자는 적게 사랑하느니라 이에 여자에게 이르시되 네 죄 사함을 받았느니라 하시니 "(눅 7:47-48)

 **인물탐구**

막달라 마리아는 갈릴리 호수 서쪽 막달라 출생입니다. 막달라란 곳은 당시 게네사렛 평원의 남단에 위치한 농업, 어업, 제조업, 조선업이 발달한 부유한 상업중심 도시로써, 환락과 타락의 도시였습니다.

마리아는 일곱 귀신들렸던 창녀였습니다(눅 8:2). 베다니의 마리아와는 대조적으로 활동적이며, 예수님을 만남으로써 일곱 귀신으로부터 해방되었으며, 자신을 따뜻하게 대해 주신 주님의 은총에 감사하며, 자신의 전 삶을 헌신하여 주님께 충성하였으며, 비난과 시련 속에서도 끝까지 주를 따른 의리 있는 여인입니다.

## 1. 예수님을 만난 막달라 마리아

어느 날 예수님께서 갈릴리를 지나 가버나움에 들어오실 때 지나가는 예수님의 모습을 바라보게 되었습니다. 예수님을 바라보는 순간, 그녀는 얼어붙은 듯 숨소리 한번 제대로 내지 못한 채 예수님의 포로가 되었습니다. 예수님은 공포에 떨고 있는 마리아에게 찾아가 인자하신 눈으로 바라보시더니, 그 머리 위에 손을 얹으시고 기도해 주셨습니다. 그러자 그 동안 그녀를 얽매이게 했던 일곱 귀신이 쫓겨 나가며 자유롭게 되었습니다. 그리고 건강도 다시 되찾게 되었습니다.

막달라 마리아는 이 같은 경험을 통해 누구보다도 예수님의 능력을 확신하게 되었고, 아울러 자신의 육신의 병은 물론 마음의 병, 영혼의 병까지 깨끗하게 치유되었습니다.

♥ 내가 주님께 내어놓고 시원하게 해결 받고 싶은 억눌린 감정은 무엇입니까?

---
---

## 2. 향유를 부은 막달라 마리아

주님으로부터 너무나 큰 은혜와 병 고침을 받은 마리아는 자기가 가진 것으로 주님을 섬기기로 작정을 하였습니다. 어느 날 예수님께서 시몬이라고 하는 바리새인의 집에 들어가신다는 소식을 듣고, 자기가 간직하고 있던 향유를 담은 옥합을 가지고 찾아갔습니다. 그리고 말없이 예수님의 뒤쪽으로 돌아가서는 그 발 곁에 서서 울며 눈물로 주님의 발을 적시고 그 발에 입 맞추고 향유를 부었습니다.

♥ 그곳에 모인 사람들은 막달라 마리아를 어떤 사람으로 보았습니까?(37, 39절)

---

♥ 예수님께서는 그 여자에게 무어라 말씀하셨습니까?(눅 7:48)

---
---

이 순간 이 여인의 기쁜 마음은 말로 표현할 수 없는 것이었습니다. 주님을 진심으로 영접한 자는 이 같은 영적 기쁨이 있는 것입니다. 그런데 여러분들 속에는 어떤 기쁨이 있습니까? 만일 기쁨이 없다면 하나님

과의 첫 사랑의 관계가 식은 것입니다. 그러므로 하루빨리 하나님께 대한 믿음과 사랑과 감사의 마음을 되찾아야 합니다.

### 3. 부활의 목격자 막달라 마리아

안식 후 첫날 이른 아침에 예수님의 시체에 바를 향유를 가지고 무덤에 올라 온 막달라 마리아 일행은 예수님의 부활하신 사실을 처음으로 목격하는 자들이 되었습니다. 예수님의 부활하신 사실을 직접 목격하였다는 것은 너무나 큰 영광입니다.

예수님은 빈부귀천을 가리지 아니하시고 구원의 은총을 주시며, 또한 믿음을 보시고 복을 내려 주시는 것입니다. 마리아와 같은 비천한 여인일지라도 인류구원의 역사에 있어서 엄청난 사건을 직접 체험하는 복을 받은 것을 기억하면서, 우리는 더욱 주님을 잘 섬기는 성도들이 되어야 할 것입니다.

♥ 마리아의 일행은 누구이며, 천사가 그들에게 일러준 말은 무엇입니까?(마 28:7)

_____

_____

## 비교하기

《마리아와 나를 비교하여 본받을 점과 고칠 점을 기록해 봅시다》

## 실천하기

《오늘의 말씀을 생각하면서, 한 주간 동안 꼭 실천할 것을 기록해 봅시다》

## 점검하기

《한 주간 동안 나의 신앙생활을 점검해 봅시다》

| | |
|---|---|
| ① 하나님 앞에 온전한 예배를 드렸습니까? | 예, 아니오 |
| ② 날마다 기도를 열심히 했습니까? | 예, 아니오 |
| ③ 매일 성경을 읽었습니까? | 예, 아니오 |
| ④ 지난 주 실천사항을 실천했습니까? | 예, 아니오 |

## 기도하기

《구역식구들의 형편과 처지를 생각하며, 기도제목을 나누고 함께 기도합시다》

# 제12과
# 딸을 살린 회당장 야이로

성경본문 : 막 5:21-24 눅 8:41-42, 49-56
찬송 : 570, 473

"이에 회당장인 야이로라 하는 사람이 와서 예수의 발 아래 엎드려 자기 집에 오시기를 간구하니 이는 자기에게 열두 살 먹은 외딸이 있어 죽어 감이러라 예수께서 가실 때에 무리가 옹위하더라" (눅 8:41-42)

### 인물탐구

야이로의 이름은 '빛 됨'이란 의미입니다. 그는 갈릴리 지방의 회당장이며, 그에게는 열두 살 난 사랑스러운 어린 딸이 있었는데, 그 딸이 중풍에 걸려 죽어가고 있었습니다. 갖은 약을 다 써도 효험이 없었습니다. 그러던 차에 예수님의 소문을 듣게 되었고, 예수님에 의하여 살림을 받았습니다.

### 1. 예수님을 만나야

세상의 많은 사람들은 예수님이 없어도 잘 먹고 잘 살 수 있다고 생각합니다. 그래서 누가 예수님을 믿으라고 권면하면 예수님이 필요 없다고 한마디로 거절합니다. 심지어는 예수님 믿는 성도 중에도 예수님을 그렇게 절실한 심정으로 믿지 않는 사람들이 많이 있습니다. 어떤 사람은 예수님 믿는 것을 교양 정도로 생각하고, 어떤 사람은 철학적인 차원으로 이해하기도 합니다. 또 어떤 사람은 현실적인 유익을 위해서 예수님을 믿는 사람도 있습니다.

예수님을 믿기는 해도 절실하고 절박한 심정으로 예수님을 믿지 못합니다. 그저 적당히 믿으려고 합니다. 그러다가 불가항력적인 문제에 부딪히면 그때서야 예수님께 매달리게 되는데, 이렇게 해서라도 예수님을 만나고 은혜 받게 되는 것을 생각하면 하나님 은혜입니다.

회당장 야이로는 예수님을 만나야 딸을 살릴 수 있다는 절실하고 절박한 심정으로 예수님을 찾았습니다.

♥ 내가 정말 절박한 심정으로 예수님께 간구한 것은 어떤 것이 있습니까?

---

---

## 2. 예수님 발아래 엎드려야

신앙생활의 가장 큰 적은 교만입니다. 그래서 '교만이야말로 마귀자식이 되는 가장 빠른 지름길'이라고 합니다. 사탄은 원래가 하나님을 섬기는 천사장 가운데 하나였습니다. 하지만 그 마음이 교만해져서 하나님과 맞먹으려고 하다가 결국 천국에서 쫓겨나고만 것입니다. 그때 상당수의 천사들이 사탄과 함께 쫓겨나서 공중권세 잡은 악령이 되었는데, 악령들이 인간을 미혹할 때 주로 사용하는 수법이 교만한 마음을 넣어주는 것입니다.

회당장이라면 유대사회에서는 지도층의 위치에 있는 사람입니다. 그런데 그는 모든 지도층 사람들이 욕하고 비난하는 바로 그 예수님 발아래 겸손히 엎드렸다고 했습니다. 회당장 체면과 자존심을 버리고 엎드린 것입니다. 체면이나 자존심을 버리고 겸손히 엎드릴 때 기도의 응답도 받고 은혜도 받는 것입니다. 우리도 회당장 야이로처럼 예수님의 발아래 겸손히 엎드리는 성도들이 되어야 하겠습니다.

♥ 아직도 주님 앞에 겸손하게 엎드리지 못하는 이유는 무엇입니까?

_____
_____

### 3. 예수님께 간구해야

기도에는 여러 가지 유형이 있는데, 소리 없이 드리는 기도와 간절히 부르짖고 절규하는 뜨거운 기도가 있습니다. 이런 기도를 간구라고 합니다.

♥ 야이로는 어떻게 기도하였습니까? (23절)

_____
_____

회당장 야이로는 분명히 간구했다고 기록되어있습니다. 때로는 이런 간구가 필요한 때가 있습니다. 심각한 기도제목이 있을 때에도 부르짖는 기도가 필요합니다. 백날 기도해도 응답 받지 못 한다고 불평하거나 낙심하지 말고 회당장 야이로처럼 한번 부르짖어 보십시오. 반드시 응답 받게 될 것입니다.

우리도 야이로처럼 절박한 심정으로 기도해야 합니다. 겸손히 엎드려 기도해야, 뜨겁게 간구해야 합니다. 이렇게만 기도하면 응답 받을 수 있습니다. 우리 모두 야이로처럼 교회와 가정을 위하여 기도의 응답 받는 기도의 용사들이 되어야 하겠습니다.

## 비교하기

《야이로와 나를 비교하여 본받을 점과 고칠 점을 기록해 봅시다》

## 실천하기

《오늘의 말씀을 생각하면서, 한 주간 동안 꼭 실천할 것을 기록해 봅시다》

## 점검하기

《한 주간 동안 나의 신앙생활을 점검해 봅시다》

| | |
|---|---|
| ① 하나님 앞에 온전한 예배를 드렸습니까? | 예, 아니오 |
| ② 날마다 기도를 열심히 했습니까? | 예, 아니오 |
| ③ 매일 성경을 읽었습니까? | 예, 아니오 |
| ④ 지난 주 실천사항을 실천했습니까? | 예, 아니오 |

## 기도하기

《구역식구들의 형편과 처지를 생각하며, 기도제목을 나누고 함께 기도합시다》

## 제13과
## 사랑의 사도 요한

성경본문 : 막 9:38-40, 눅 9:49-50
찬송 : 406, 351

"요한이 예수께 여짜오되 선생님 우리를 따르지 않는 어떤 자가 주의 이름으로 귀신을 내쫓는 것을 우리가 보고 우리를 따르지 아니하므로 금하였나이다 예수께서 이르시되 금하지 말라 내 이름을 의탁하여 능한 일을 행하고 즉시로 나를 비방할 자가 없느니라 우리를 반대하지 않는 자는 우리를 위하는 자니라 "(막 9:38-40)

 인물탐구

예수님의 열 두 제자 중의 한 사람으로 야고보와 형제인 요한은 '여호와는 은혜로우시다' 라는 뜻이며, 세베대와 살로매의 아들이며 야고보의 형제입니다. 그는 '보아너게'(우뢰의 아들)란 별명을 가졌는데, 이것은 그의 과격한 성격 때문인 듯합니다.

그는 예수님으로부터 특별한 사랑을 받던 제자이며, 베드로, 야고보와 더불어 예수님의 측근이었으며, 중요한 일이 있을 때마다 예수님과 동행하였습니다. 그는 요한복음과 요한 서신을 기록하였으며, 말년에는 밧모섬에 유배되어가서 요한 계시록을 기록하였습니다.

### 1. 편협한 마음의 소유자

어떤 마을로 복음을 전하러 가던 중에 귀신들린 한 소년을 만났습니다. 요한은 예수님으로부터 받은 권세로 귀신을 쫓아내겠다고 생각했는데, 요한이 미처 손도 쓰기 전에 낯선 사람이 귀신을 쫓아냈습니다.

♥ 이때 요한이 귀신을 쫓아낸 사람에게 무슨 말을 했습니까?

---

아마 귀신들린 소년을 고친 사람은 스게와의 일곱 아들처럼 전문적으로 귀신을 쫓는 사람이며, 예수님의 사역을 방해하지 않는 자임을 예수님께서는 이미 알고 계셨습니다(행 19:13-14). 요한은 사도로서의 자부심과 특권의식을 가지고 능력을 행하려고 했던 것입니다. 그래서 제자들 외에 어떤 능력을 행사하는 것을 은연중에 금하고자 했던 것입니다.

오늘날 자기가 속한 교파만이 오직 진실한 교회라고 생각하는 것은 매우 위험스러운 일입니다. 장로교, 성결교, 침례교, 감리교, 루터교, 오순절 계통의 교회든 성공회 교회든 배척할 정당한 근거는 없습니다.

♥ 예수님께서는 요한에게 어떻게 말씀하셨습니까? (눅 9:50)

---

## 2. 십자가 최후의 증인

모든 사도 가운데서 오직 요한만이 십자가 옆에 서서 예수님을 마지막까지 지켜보았습니다. 예수님께서 마지막으로 하신 말씀을 들은 제자도 유일하게 요한뿐이었습니다. 예수님은 요한을 바라보시면서 자기 어머니에게 **"여자여, 보소서 아들이니이다"** 고 하시고, 요한에게 그 어머니를 가리키며 **"보라, 네 어머니라"** 하시는 말씀도 들었습니다(요 19:26-27). 그리고 오직 요한 만이 **"내가 목이 마르다"**, **"다 이루었다"** 는 예수님의 최후의 말씀을 기록하였습니다.

요한은 예수님께서 고개를 떨구시고 예수님의 영혼이 떠나가시는 것을 지켜보았습니다. 군병이 예수님의 옆구리를 찌를 때 피와 물이 나온 것과, 요셉과 니고데모가 장사한 사실을 말한 것도 요한뿐이었습니다. (요 19:38-42). 요한은 예수님의 최후의 순간까지 지켜보았기 때문에, 그는 어린양의 죽음과 부활을 증거하는 전도자가 되었습니다.

### 3. 사랑의 사도가 된 요한

어느 정원사가 정원의 흙을 보고 "너는 어떻게 그처럼 좋은 향기를 풍기느냐?"고 물었더니, 진흙은 "사람들이 나를 장미꽃 옆에 두었기 때문이랍니다"라고 대답했습니다. 항상 주님과 함께 있었기 때문에 성급한 청년 요한은 성인이 되어 온유한 성격으로 변하였습니다.

요한은 "하나님이 세상을 이처럼 사랑하사"라는(요 3:16) 유명한 말씀을 우리에게 남겼습니다. 요한은 책임감으로서의 사랑뿐만 아니라 사도직의 징표로서 "내가 너희를 사랑한 것같이 너희도 서로 사랑하라 너희가 서로 사랑하면 이로써 모든 사람이 너희가 내 제자인줄 알리라"(요 13:34-35)는 예수님의 새 계명을 상기시켜 주었습니다.

♥ 요일 4:7-8을 읽고 기록하여 봅시다.

---
---

## 비교하기

《요한과 나를 비교하여 본받을 점과 고칠 점을 기록해 봅시다》

## 실천하기

《오늘의 말씀을 생각하면서, 한 주간 동안 꼭 실천할 것을 기록해 봅시다》

## 점검하기

《한 주간 동안 나의 신앙생활을 점검해 봅시다》

| | |
|---|---|
| ① 하나님 앞에 온전한 예배를 드렸습니까? | 예, 아니오 |
| ② 날마다 기도를 열심히 했습니까? | 예, 아니오 |
| ③ 매일 성경을 읽었습니까? | 예, 아니오 |
| ④ 지난 주 실천사항을 실천했습니까? | 예, 아니오 |

## 기도하기

《구역식구들의 형편과 처지를 생각하며, 기도제목을 나누고 함께 기도합시다》

# 4월

## 십자가를 내가 지고

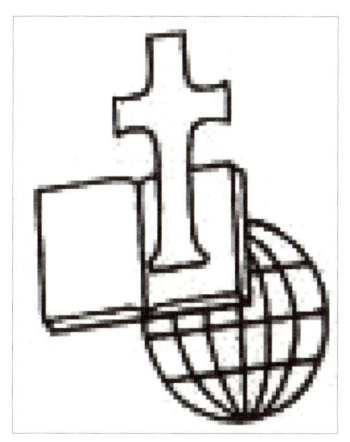

## 제14과
## 신앙의 개척자 바디메오

성경본문 : 막 10:46-52
찬송 : 134, 84

"예수께서 말씀하여 이르시되 네게 무엇을 하여 주기를 원하느냐 맹인이 이르되 선생님이여 보기를 원하나이다 예수께서 이르시되 가라 네 믿음이 너를 구원하였느니라 하시니 그가 곧 보게 되어 예수를 길에서 따르니라" (막 10:51-52)

### 인물탐구

바디메오는 '디메오의 아들'이라는 뜻이며(막 10:46), 그 의미는 '존경', '명예'라는 뜻입니다. 그는 맹인이며 여리고의 거지였으나, 예수님께 고침을 받아 눈을 뜨게 되었습니다(눅18:42).

그는 예수님께서 "네 믿음이 너를 구원하였느니라"는 말씀을 하신 것으로 보아 치유 받으려는 굳은 의지와 강한 믿음을 소유한 자이며, 고침을 받은 후 곧바로 예수님을 따라나서는 적극적인 행동주의자라고 볼 수 있습니다.

### 1. 기회를 놓치지 않은 사람

기회란 기회를 기다리는 사람에게 오는 것이며, 기회를 위하여 미리 준비된 사람만이 그 기회를 자기 것으로 만들 수 있습니다. 바디메오는 길가에 앉아서 예수님이 지나가신다는 기쁜 소식을 들었고, 그 기쁜 소식을 자신의 것으로 만들기 위해서 기회를 놓치지 않았습니다.

♥ 하나님은 어떤 사람에게 기회를 주십니까?(잠 28:18)

_____

_____

그 당시 사람들은 예수님을 "나사렛 예수"라고 불렀습니다. 그것은 "나사렛에 무슨 선한 것이 나겠느냐"라는 말처럼 존경의 의미가 없이, 예수님을 그저 나사렛에서 태어난 목수의 아들로 여기고 있었던 것입니다. 그러나 바디메오는 **"다윗의 자손 예수여 나를 불쌍히 여겨 주시옵소서"** 라고 소리를 질렀습니다. 이 말의 뜻은 이스라엘 백성에게 다윗은 가장 위대한 임금으로 존경을 받고 있으며, 만일 메시아가 온다면 그는 다윗의 왕처럼 왕의 혈통을 이어받은 사람일 것이라는 기대감이 들어있는 표현이요, 기회를 기다리는 바디메오의 예수님에 대한 신앙고백인 것입니다.

### 2. 기대와 확신을 가진 사람

새로운 인생을 개척하려는 사람은 새로운 일과 새롭게 시작하는 인생에 대하여 나름대로 확신과 기대를 가져야 합니다. 새롭게 하는 일에 대하여 확신과 기대도 없이 시작하는 것은 위험한 것입니다.

성경에 보면 예수님을 만나고도 삶에 변화가 일어나지 않은 사람들도 많이 있습니다. 기대와 확신이 없이 예수님을 만난 사람들에게는 변화가 일어나지 않습니다. 말씀과 예배에 기대와 확신이 없는 신앙생활은 수십 년을 교회에 다녀도 삶에는 아무런 변화가 일어나지 않는 것입니다. 바디메오는 예수님에 대하여 기대와 확신이 분명하고 사모하는 마음이 간절하였기에, 그는 예수님께 구원을 요청할 수 있었던 것입니다.

♥ 롬 10:10에서, 구원에 이르는 방법을 어떻게 말씀하고 있습니까?

_____

_____

♥ 우리가 드리는 예배보다 더욱 중요한 것은 무엇을 받는 것입니까?(마 9:13)
_____
_____

### 3. 가장 중요한 것을 구한 사람

우리는 살아가면서 가끔 무엇이 가장 중요한 것인가 우선순위의 혼란을 겪고 있습니다. 그래서 때론 중요하지도 않은 일에 시간 투자와 수고를 합니다. 그러나 나중에 보면 나에게 그리 중요한 것이 아님을 알게 됩니다.

우리는 육신보다 중요한 영적인 일에 무게를 두어야 합니다. 내 영혼이 잘되면 범사가 잘되지만 내 영혼이 잘못되면 매사가 불평이요 불만인 것입니다. 오늘 바디메오도 육신의 눈은 떴지만, 더욱 중요한 것은 그의 영의 눈도 함께 떴다는 것입니다. 이제 그는 옛 생활로 돌아가는 것이 아니라 주님이 가시는 길을 따라갈 수 있었던 것입니다.

♥ 바디메오가 구한 것은 무엇이니까?( 51절)
_____
_____

### 비교하기

《바디매오와 나를 비교하여 본받을 점과 고칠 점을 기록해 봅시다》

### 실천하기

《오늘의 말씀을 생각하면서, 한 주간 동안 꼭 실천할 것을 기록해 봅시다》

### 점검하기

《한 주간 동안 나의 신앙생활을 점검해 봅시다》

| | |
|---|---|
| ① 하나님 앞에 온전한 예배를 드렸습니까? | 예, 아니오 |
| ② 날마다 기도를 열심히 했습니까? | 예, 아니오 |
| ③ 매일 성경을 읽었습니까? | 예, 아니오 |
| ④ 지난 주 실천사항을 실천했습니까? | 예, 아니오 |

### 기도하기

《구역식구들의 형편과 처지를 생각하며, 기도제목을 나누고 함께 기도합시다》

## 제15과
## 십자가를 억지로 진 사람

성경본문 : 막 15:21-23
찬송 : 439, 341

"마침 알렉산더와 루포의 아버지인 구레네 사람 시몬이 시골로부터 와서 지나가는데 그들이 그를 억지로 같이 가게 하여 예수의 십자가를 지우고 예수를 끌고 골고다라 하는 곳(번역하면 해골의 곳)에 이르러"
(막 15:21-22)

### 인물탐구

사순절을 지킬 때 잊을 수 없는 몇 가지가 있습니다. 예수님께서 예루살렘에 입성하실 때 타신 나귀새끼, 골고다 언덕을 힘겹게 십자가를 지고 오르실 때 병정이 억지로 잡아 예수님의 십자가를 지게 한 구레네 시몬 등입니다. 구레네는 지금의 아프리카 리비아 수도인 트라폴리 지방인데 예루살렘에서 상당히 먼 곳입니다. 그 먼 곳에서 유월절을 지키기 위해 예루살렘을 찾아온 시몬은 십자가를 지고 가시는 예수님을 보고 있다가 잡혀서 억지로 십자가를 지게 된 사람입니다.

### 1. 그가 진 십자가는 은총의 십자가였습니다.

구레네 시몬은 예수님의 제자도 아니고 예수님의 말씀을 들어볼 기회도 없었던 사람이었습니다. 그런 그가 억지로였지만, 예수님의 십자가를 대신 지게 되었다는 것은 크나큰 은총입니다. 그 십자가가 얼마나 감격스럽고 영광스러운 십자가입니까? 우리가 그리스도인이 된다는 것은 내

뜻으로 되는 것이 아니고 전적으로 하나님의 뜻에 따라 억지로 붙잡혀 그리스도인이 된 것이라 할 수 있습니다. 마치 사도 바울이 다메섹 도상에서 억지로 예수의 제자가 된 것처럼 말입니다.

피곤하고 지친 예수님의 십자가를 대신 질 수 있는 사람이 된 것은 얼마나 큰 은총입니까? 그 순간의 기회로 하늘과 땅에서 영원히 그 이름이 기억되고 세상에 어떤 수고보다 더 값진 수고를 할 수 있게된 영광을 얻었습니다.

♥ 만약 나에게 구레네 시몬과 같은 기회 주어진다면 어떻게 하겠습니까?

### 2. 그가 진 십자가는 우리의 십자가였습니다.

지금도 예루살렘에 있는 비아 도로로사(고난의 길)에 구레네 시몬이 주님의 십자가를 대신 진 자리에 기념관이 있다고 합니다. 죽을 때까지 예수님을 따라 가겠다고 큰 소리를 친 베드로도 도망쳤지만 구레네 시몬은 그 옆에 따라가며, 십자가를 지고 가시는 예수님을 바라보다가 로마군인에게 잡혀 예수님의 십자가를 대신 지게 되었습니다.

예수님이 지신 십자가는 우리들이 하나님을 부인하는 것 때문에 받으시는 고난의 십자가요, 하나님의 아들 예수님을 핍박하는 까닭에 받는 고난의 십자가입니다. 나아가서 우리의 모든 죄를 사하시려 죽으시는 형벌의 십자가입니다. 주님이 지신 십자가를 이제 우리가 지고 주님을 따라 가야 합니다.

♥ 주님을 따라가려면 어떻게 해야 합니까? (마 16:24, 갈 5:24)

### 3. 그가 진 십자가는 참여의 십자가였습니다.

아리마대 요셉은 빈 무덤을 주님의 묘지로 제공함으로 구속사업에 참여했고, 막달라 마리아는 향유를 부음으로 참여하였습니다. 그리고 구레네 시몬은 억지로 예수님의 십자가를 짐으로 구속사업에 참여하였습니다.

♥ 구레네 시몬만큼의 큰 참여자는 아무도 없습니다. 로마서 16:13에 바울이 로마 교인들께 문안할 때 어떻게 하라고 했습니까?

---
---

구레네 시몬은 억지로 십자가를 졌지만 그로 인해 큰 구원의 은총이 그의 가정에 넘쳤습니다. 그의 아들 루포도 좋은 바울의 협력자가 되어 복음을 전하였습니다. 우리도 구레네 시몬처럼 억지로라도 주님의 십자가를 질 수 있는 성도들이 되시기를 원합니다.

## 비교하기

《시몬과 나를 비교하여 본받을 점과 고칠 점을 기록해 봅시다》

## 실천하기

《오늘의 말씀을 생각하면서, 한 주간 동안 꼭 실천할 것을 기록해 봅시다》

## 점검하기

《한 주간 동안 나의 신앙생활을 점검해 봅시다》

| | |
|---|---|
| ① 하나님 앞에 온전한 예배를 드렸습니까? | 예, 아니오 |
| ② 날마다 기도를 열심히 했습니까? | 예, 아니오 |
| ③ 매일 성경을 읽었습니까? | 예, 아니오 |
| ④ 지난 주 실천사항을 실천했습니까? | 예, 아니오 |

## 기도하기

《구역식구들의 형편과 처지를 생각하며, 기도제목을 나누고 함께 기도합시다》

# 제16과
# 의사요 문학가 누가

성경본문 : 눅 1:1-4
찬송 : 267, 520

"처음부터 목격자와 말씀의 일꾼 된 자들이 전하여 준 그대로 내력을 저술하려고 붓을 든 사람이 많은지라 그 모든 일을 근원부터 자세히 미루어 살핀 나도 데오빌로 각하에게 차례대로 써 보내는 것이 좋은 줄 알았노니 이는 각하가 알고 있는 바를 더 확실하게 하려 함이로라"(눅 1:1-4)

### 인물탐구

누가는 '빛나다, 총명하다' 또는 '빛을 주는 자'라는 뜻입니다. 수리아의 안디옥에서 출생한 헬라인이며, 누가복음과 사도행전의 저자입니다. 바울의 최후까지 함께 했던 동역자이며, 그의 직업은 의사였습니다(골 4:14).

사도행전과 누가복음에 사용된 언어, 운율, 비유 등이 아름답고 문장력이 탁월한 문학적 자질을 갖춘 자이며, 교육을 잘 받은 유능한 의사로서 끝까지 사도 바울과 동행하며 그의 건강을 돌본 충실하고 겸손한 신앙인입니다.

## 1. 누가복음 기록자 누가

복음서가 기록된 시기는 예수 그리스도를 직접 목격한 증인들이 얼마 남지 않은 시점이었습니다. 이제 예수의 증인들이 사라지기 전에 예수 그리스도에 관한 기록을 남겨야만 했습니다. 그래서 많은 이들이 이를 기록하기 시작했고, 이렇게 기록된 성경은 유대인을 향한 마태의 복음, 로마인에 관한 마가의 복음, 그리고 헬라를 향한 누가의 복음서들입니다.

　당시 문화가 융성하고 철학과 학문이 발달했던 헬라를 향해 복음을 기록하자면 그만한 학식과 교양을 갖춘 사람이어야만 했습니다. 그래서 하나님은 의사 누가를 바울과 동역하며 모든 복음을 듣고 복음의 기록을 준비하게 하셨습니다.

　우리들도 이러한 누가의 본을 따라 우리의 재능과 시간과 건강, 그 모든 것을 주께 드려서 오직 주님의 영광을 위해 사용해야 하겠습니다.

♥ 4복음서의 저자와 대상을 각각 정리해 봅시다.

마태복음 - -

마가복음 - -

누가복음 - -

요한복음 - -

## 2. 사랑 받는 의사 누가

　사도 바울에게도 "육체의 가시"라고 불리는 질병이 있었습니다. 이 병으로 인하여 얼마나 고통스러웠던지, 환상 중에 만난 주님 앞에 그 병이 낫기를 위해 세 번이나 힘써 간구했습니다. 복음을 전하는 바울에게 있어서 질병은 큰 장애였습니다. 또한 복음을 전하며 매를 맞는 일도 수차례였습니다. 이런 바울에게 의사 누가는 없어서는 안될 귀중한 동역자이자 하나님이 예비해 두신 생명의 보호자였습니다. 그러기에 바울은 로마 옥중에서 골로새 교인에게 누가를 "사랑을 받는 의원"이라고 소개하고 있는 것입니다.

누가는 사도 바울의 육신을 주께서 주신 의술로 치료하며, 그로 하여금 복음 전파의 사명을 잘 완수하도록 끝까지 그와 동행했습니다.

♥ 바울의 질병은 무엇이었나요?(고후 12:8)

_____
_____

### 3. 사도행전의 저자 누가

누가는 바울이 감옥생활을 하는 동안 함께 했던 모든 동역자들이 떠난 이후에도 끝까지 바울과 함께 하며, 그와 함께 사상적 교류를 나눴습니다. 또한 그동안 바울에 의해 기록된 많은 서신서의 기록과정에 함께 했을 뿐 만 아니라, 바울과 사도들의 전도 행적을 낱낱이 정리해서 사도행전을 기록하였습니다.

누가는 사도행전에서 자신의 이름을 한 번도 나타내지 않았습니다. 그러나 바울의 2차 전도여행 중 드로아에서 빌립보까지의 여정과, 3차 전도여행 중 빌립보에서 예루살렘까지의 여정에서, 그리고 그 이후 로마까지의 모든 여정에 함께 하며 복음을 전하는 사역에 동참했음을 보여주고 있습니다. 우리도 우리의 가진 것을 통하여 복음전도의 사역에 동참하는 성도가 되어야 하겠습니다.

♥ 누가가 사도행전을 기록한 사실을 어떻게 알 수 있습니까?(행1:1)

_____
_____

## 비교하기

《누가와 나를 비교하여 본받을 점과 고칠 점을 기록해 봅시다》

## 실천하기

《오늘의 말씀을 생각하면서, 한 주간 동안 꼭 실천할 것을 기록해 봅시다》

## 점검하기

《한 주간 동안 나의 신앙생활을 점검해 봅시다》

| | |
|---|---|
| ① 하나님 앞에 온전한 예배를 드렸습니까? | 예, 아니오 |
| ② 날마다 기도를 열심히 했습니까? | 예, 아니오 |
| ③ 매일 성경을 읽었습니까? | 예, 아니오 |
| ④ 지난 주 실천사항을 실천했습니까? | 예, 아니오 |

## 기도하기

《구역식구들의 형편과 처지를 생각하며, 기도제목을 나누고 함께 기도합시다》

## 제17과
## 벙어리가 된 제사장 사가랴

성경본문 : 눅 1:5-25
찬송 : 25, 520

"보라 이 일이 되는 날까지 네가 말 못하는 자가 되어 능히 말을 못하리니 이는 네가 내 말을 믿지 아니함이거니와 때가 이르면 내 말이 이루어지리라 하더라" (눅 1:20)

### 인물탐구

사가랴는 '여호와께서 기억하고 계시다'라는 뜻입니다. 세례 요한의 아버지이며, 마리아의 친척인 엘리사벳의 남편이기도 합니다. 그는 아비야 반열의 제사장으로서 '주의 모든 규례대로 흠이 없이 행한 의인'이라 칭함 받을 정도로 신실하고 실천적인 신앙의 소유자입니다. 또한 하나님의 놀라운 은총을 받을 만큼 자신의 직무에 충실하고, 자신의 문제에 대하여 기도에 힘쓴 자입니다.

### 1. 자기의 위치를 지킨 제사장

주의 사자가 사가랴에게 나타난 시기는 사가랴가 당시 제사장 계급의 대다수를 차지했던 타락한 사두개인들과는 달리 묵묵히 자신의 직무에 충실하게 제사 직무를 행하고 있을 때였습니다. 사가랴는 전례를 따라서 제비를 뽑아 성소에 들어가서 분향을 하게 되었으며, 그때 주님의 사자로부터 아들을 주시겠다는 말씀을 듣게 되었습니다.

하나님께서는 묵묵히 자신의 직분에 충실한 자를 축복하십니다. 우리 성도들도 각자의 위치에서 주께서 맡기신 일을 충실히 감당할 때에 하나님께서는 더 큰 일을 맡기시고, 종국에는 생명의 면류관을 허락하실 것입니다(계 2:10).

♥ 사가랴가 하나님으로부터 아들을 주시겠다는 약속을 받은 때와 장소는 어디입니까?(눅 1:8-11)

♥ 자기 일에 최선을 다하는 자에게 하나님은 어떻게 대하십니까?(눅 19:17)

### 2. 주님의 행사를 의심한 제사장

주의 사자의 수태고지를 받은 사가랴는 자신과 부인의 나이가 많은 탓에 이를 의심하였습니다. 참으로 자녀 얻음을 위해 오래도록 기도했던 그가, 또한 '하나님 앞에 의인'이라 칭함 받은 그가 하나님을 의심한 것입니다. 이것은 하나님을 잘 섬긴다 하면서도 내 형편과 이성으로 납득이 안 갈 때 하나님을 의심하는 우리의 모습을 여실히 보여 주는 사건입니다. 그러나 사가랴의 이와 같은 의심에도 불구하고 하나님은 그 일을 이루어 주셨습니다. 또한 사가랴처럼 우리가 때때로 우리의 간구가 더디 이루어진다 하여서 그 응답조차 포기했을 때도 하나님께서는 그 기도를 기억하시고 사랑을 베푸신다는 사실을 명심해야 할 것입니다.

♥ 사가랴는 무엇을 의심했습니까?(눅 1:6, 13, 18)

## 3. 벙어리가 된 제사장

당대의 의인으로 널리 알려진 사가랴도 주의 사자를 통해 예언 된 하나님의 말씀을 의심함으로써 벙어리가 되고 말았습니다(눅 1:18-22). 이처럼 인간의 의로움은 한계가 있으며, 더욱이 불신앙과 죄로부터 완전히 자유로울 수 있는 인간이란 하나도 없습니다(롬 3:10).

♥ 사가랴의 입이 어떻게 열리게 되었습니까?(눅 1:10-22, 64)

_____

_____

♥ 벙어리였던 사가랴는 말을 할 수 있게 되자 제일 먼저 한 일이 무엇이었습니까?(눅 1:64).

_____

_____

우리는 사가랴의 사건을 통해서 하나님께서는 순종하는 자를 지극히 사랑하시며, 우리들의 찬양을 받으시기를 기뻐하신다는 것을 깨닫게 됩니다. 우리는 먼저 하나님의 말씀에 순종하는 것이 우리의 본분임을 기억하여, 주의 말씀아래 겸손히 엎드려야 하겠습니다. 그리고 우리가 받은 구원의 은혜에 감사하며, 우리의 입술을 통해 새 노래로 여호와께 감사의 찬양을 드리는 자들이 되어야 하겠습니다.

## 비교하기

《누가와 나를 비교하여 본받을 점과 고칠 점을 기록해 봅시다》

## 실천하기

《오늘의 말씀을 생각하면서, 한 주간 동안 꼭 실천할 것을 기록해 봅시다》

## 점검하기

《한 주간 동안 나의 신앙생활을 점검해 봅시다》

| | |
|---|---|
| ① 하나님 앞에 온전한 예배를 드렸습니까? | 예, 아니오 |
| ② 날마다 기도를 열심히 했습니까? | 예, 아니오 |
| ③ 매일 성경을 읽었습니까? | 예, 아니오 |
| ④ 지난 주 실천사항을 실천했습니까? | 예, 아니오 |

## 기도하기

《구역식구들의 형편과 처지를 생각하며, 기도제목을 나누고 함께 기도합시다》

# 5월

## 벙어리가 되어도

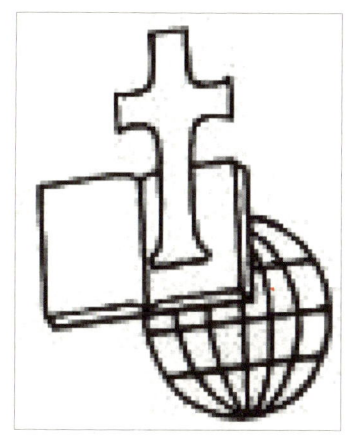

# 제18과
# 열심당원 셀롯인 시몬

성경본문 : 눅 6:12-19
찬송 : 440, 463

"마태와 도마와 알패오의 아들 야고보와 셀롯이라 하는 시몬과
야고보의 아들 유다와 예수를 파는 자 될
가룟 유다라 "( 눅 6:15-16)

 **인물탐구**

　　열두 제자 가운데 한 사람인 시몬은 '열광적'이라는 의미의 셀롯 당원입니다. 누가는 그를 '시몬'이라고 불렀습니다. 신약성경에는 셀롯 시몬의 개인적인 역사가 없을 뿐 아니라, 열 두 사도의 마지막에 기록되어 있습니다. 그의 이름으로 미루어보아 그는 열광적이며, 성급하고 열렬하고 감동적인 사람임을 알 수 있습니다.

　☞ **셀롯당** / 셀롯당은 열심당이라고도 하며, 유대교의 정치단체로서 목적을 달성하기 위해서는 음모, 폭력, 수력, 속임수 등 방법을 가리지 않고 자행했다. 또한 셀롯당은 구레뇨 총독의 호적을 반대하여, 갈릴리사람 유다의 지도로 일어난 배타적 애국운동 단체였다. 예수님의 열 두 제자 중 하나인 시몬은 제자로 부름 받기 전에 이 당에 속해 있었다(눅 6:15, 행 1:13).

## 1. 예수님께서는 왜 시몬을 원하셨을까?

　　사도 가운데 셀롯인이 등장함으로써 정치적으로 의심을 받는 예수님의 사역에 오점을 남길 수도 있었을 것입니다. 그러나 예수님께서는 백

성들의 여론에 좌지우지되지 않으시고, 사도들을 선택하는 데 소위 학연이나 지연을 따지지 않으신 것입니다. 예수님께서는 조용한 태도를 갖거나 피동적으로 순종하는 무리들만을 사도로 택하지 않으시고, 여러 성격의 소유자들을 택하시고 하나가 되기를 원하신 것입니다.

어쩌면 시몬과 같은 사람은 다른 사람들과 잘 어울리지 않을 수도 있을 것입니다. 특히 마태와는 거리감이 많았지만, 예수님의 사랑에 의하여 두 사람 사이의 증오심은 극복될 수 있었습니다. 우리들도 교회라는 단체 속에서 화평하게 살 수 있다면, 복음은 모든 사람들 사이의 불화를 치유하고, 함께 사랑하며 살아갈 수 있을 것입니다.

♥ 우리는 서로의 관계가 화목하게 되기 위해서는 무엇이, 어떻게 되어야 하겠습니까?(엡 2:14)

## 2. 열성적인 헌신

신앙의 열정은 나쁠 것이 없지만, 열정은 이성을 제약하는 수가 많으며, 진리를 보지 못하게 할 수도 있으며, 때로는 한쪽으로 치우친 편견이 열광적인 색채를 띠게 되면 편견을 더욱 깊게 만들기도 합니다. 그리고 지식이 없는 열광은 그릇된 교리나 이단에 심각하게 물들게 할 수도 있습니다. 그러나 예수님을 만난 시몬의 열광은 자제되고 정화되어 복음을 위하여 쓰임 받는 일꾼이 되었습니다.

시몬의 열정은 사도들 전체에 복음전도의 불을 지폈습니다. 우리의 신앙도 하나님을 사랑하는 열정이 되어야 하겠습니다. 그리고 그 열정이 성령의 불을 피우는 밑거름이 되어야 하겠습니다.

♥ 잘못된 열심은 어떤 결과를 가져옵니까?( 요 2:17)

_____
_____

### 3. 미움이 변하여 사랑으로

　민족 해방을 위하여 칼을 들고 싸우는 열심당원이었던 시몬은 십자가를 위하여 칼을 포기하고 예수님을 좇았습니다. 예수님의 십자가 처형이 있던 전날 밤에도, 부활하신 주님께서 열 명의 제자 앞에 나타나신 다락방에도 그는 제자들과 함께 있었습니다.

　주님의 능력으로 시몬의 정치적인 야심은 복음을 위한 사도로, 그의 호전적인 기질은 전도활동의 동기로 변하였습니다. 세상 왕국에 대한 그의 애국심은 온 세상을 위한 정열로 성장했으며, 육신의 생명을 위하여 압제정권과 싸움을 할 것이 아니라, 죄사함을 통하여 얻는 자유를 위해 싸워야 함을 깨달았습니다. 우리들도 우리 자신을 위한 열심을 이제는 주님과 주님의 나라를 위한 열심으로 변화시켜야 하겠습니다.

♥ 우리는 주님을 어떻게 섬겨야 합니까?( 롬 12:11)

_____
_____

## 비교하기

《시몬과 나를 비교하여 본받을 점과 고칠 점을 기록해 봅시다》

## 실천하기

《오늘의 말씀을 생각하면서, 한 주간 동안 꼭 실천할 것을 기록해 봅시다》

## 점검하기

《한 주간 동안 나의 신앙생활을 점검해 봅시다》

| | |
|---|---|
| ① 하나님 앞에 온전한 예배를 드렸습니까? | 예, 아니오 |
| ② 날마다 기도를 열심히 했습니까? | 예, 아니오 |
| ③ 매일 성경을 읽었습니까? | 예, 아니오 |
| ④ 지난 주 실천사항을 실천했습니까? | 예, 아니오 |

## 기도하기

《구역식구들의 형편과 처지를 생각하며, 기도제목을 나누고 함께 기도합시다》

# 제19과
# 이웃 사랑의 모범 사마리아인

성경본문 : 눅 10:25-37
찬송 : 246, 220

"어떤 사마리아 사람은 여행하는 중 거기 이르러 그를 보고
불쌍히 여겨" (눅 10:33)

 **인물탐구**

사마리아인은 이스라엘의 열 지파가 사르곤 2세에게 정복되어 앗수르로 쫓겨난 족속입니다(열왕 17:23). 그들은 토라(Torah:모세의 5경)를 성경이라고 믿었으며, 그들의 종교는 모세의 참된 가르침을 대표한다고 주장하였습니다. 그래서 그들은 스스로 참된 율법의 수호자라고 하였습니다.

사마리아 주민들은 당시 추방에서 벗어나기 위하여 정복자인 앗수르인들과 혈통적으로 혼합되었기 때문에, 다른 유대인들이 그들을 유대인으로 인정하지 않게 되었습니다. 따라서 사마리아인들도 극도의 증오심을 가지게 되고, 독자적으로 유대인들과는 상반되는 제단을 쌓게 되었습니다.

### 1. 누가 내 이웃입니까?

율법사는 서기관 혹은 교법사로도 불리며, 율법을 해석하여 가르치는 사람입니다. 그 중 한 사람이 예수님께 "선생님. 내가 무엇을 하여야 영생을 얻으리이까? 내 이웃이 누구입니까?"라고 묻습니다. 이에 예수

님은 착한 사마리아 사람의 이야기를 들려줍니다.

어떤 사람이 예루살렘에서 여리고로 가고 있었는데, 그만 강도를 만나서 가진 것 다 빼앗기고, 매를 맞아 거반 죽게 된 채로 버려졌습니다. 마침 제사장이 지나가는데, 그는 강도 만나 죽어가는 그 사람을 보고도 그냥 피하여 지나갔습니다. 레위인도 제사장과 마찬가지로 그냥 피하여 갔습니다. 그러나 사마리아인은 죽어가는 그 사람을 불쌍히 여겨, 자기가 가진 기름과 포도주를 그 상처에 붓고 싸매어 응급조치를 취하고는 자기 짐승에 태워 여관으로 가서 보살펴주었다는 이야기입니다.

♥ 우리의 이웃은 과연 누구입니까?

---

### 2. 우리가 이웃이 되어야 합니다.

우리 주변에는 뜻하지 않게 어려움을 겪는 이들이 참 많이 있습니다. 강도를 만난 사람, 불의의 사고를 당한 사람, 아픔과 고통을 당하는 사람, 슬픔을 당한 사람, 나아가서 싸우고 다투고 원수 같은 사이가 된 이들도 우리의 이웃입니다.

유대인과 사마리아인은 관계가 좋지 않습니다. 더욱이 유대인들이 사마리아인을 혼혈인이라 하여 멸시하고 상종하지 않아 원수처럼 여겼습니다. 그런데 강도 만난 유대인을 레위인도 제사장도 외면하고 지나가는데, 원수처럼 여기던 사마리아인은 외면하지 않고 도와주었습니다.

예수님은 착한 사마리아 사람의 이야기를 통해서 이웃이 되는 것을 말하고 있습니다. 즉 강도 만난 자에게 사마리아 사람이 이웃이 되었던 것처럼, 율법사에게 이웃을 찾지 말고 이웃이 되라고 하시는 말씀입니다.

♥ 예수님은 원수를 사랑하라고 했습니다. 이제 우리가 사랑해야 할 이웃이 누구입니까?

_____
_____

### 3. 이웃 사랑은 희생입니다.

착한 사마리아 사람은 자기의 기름과 포도주를 써 가면서 강도 만난 자를 돕고 있습니다. 또한 시간을 내서 여관으로 데려갑니다. 그리고는 비용까지 지불합니다. 모자라면 추후에 더 지불할 것을 약속합니다. 이 모두는 희생입니다. 이웃 사랑은 희생을 통해 표현되어지는 것입니다.

♥ 예수님도 율법사에게 무엇을 하기를 원하고 계십니까?(28, 37절)

_____
_____

우리 주변에 도움이 필요한 모든 이들이 우리의 이웃입니다. 아니 우리는 모두의 이웃이 되어야 합니다. 말로만이 아닌 실질적으로 도움을 주면서 이웃이 되어야 합니다. 내가 가진 것을 희생하면서까지 이웃이 되어야 합니다. 바로 이러한 이웃 사랑이 영생을 약속 받은 성도의 삶입니다.

### 비교하기

《사마리아인과 나를 비교하여 본받을 점과 고칠 점을 기록해 봅시다》

### 실천하기

《오늘의 말씀을 생각하면서, 한 주간 동안 꼭 실천할 것을 기록해 봅시다》

### 점검하기

《한 주간 동안 나의 신앙생활을 점검해 봅시다》

| | |
|---|---|
| ① 하나님 앞에 온전한 예배를 드렸습니까? | 예, 아니오 |
| ② 날마다 기도를 열심히 했습니까? | 예, 아니오 |
| ③ 매일 성경을 읽었습니까? | 예, 아니오 |
| ④ 지난 주 실천사항을 실천했습니까? | 예, 아니오 |

### 기도하기

《구역식구들의 형편과 처지를 생각하며, 기도제목을 나누고 함께 기도합시다》

## 제20과
## 헌신적인 여인 마르다

성경본문 : 눅 10:38-42
찬송 : 382, 364

"주께서 대답하여 이르시되 마르다야 마르다야 네가 많은 일로 염려하고 근심하나 몇 가지만 하든지 혹 한 가지만이라도 족하니라…"(눅 10:41-42).

### 인물탐구

마르다는 '숙녀, 여주인'이라는 뜻이며, 마리아의 언니이며 나사로의 누이가 됩니다. 베다니 출신이요, 과부이며 사회적 특권 계층이라고 볼 수 있습니다.

예수님을 영접하고 대접하기에 열심을 다하였으며, 다른 사람들이 예수님의 말씀을 듣는 동안 보이지 않는 곳에서 음식준비에 분주했던 것으로 보아 책임감이 강하고 물질로 남을 대접하기를 좋아하는 헌신적인 봉사자입니다.

### 1. 한 가지 만으로는 부족하다

우리는 흔히 마리아는 예수님으로부터 칭찬을 받았고, 마르다는 예수님으로부터 책망 받았으며, 마리아는 좋은 것을 택하였고, 마르다는 좋지 못한 것을 택했다고 생각합니다. 그러므로 우리는 마르다를 본받지 말고 마리아를 본받아야 한다는 것입니다. 우리는 이러한 결론을 접어두고, 이 본문이 보여 주는 교훈이 무엇인가를 생각해 보아야 합니다.

♥ 본문 41,42절을 읽고, 주님이 마르다를 책망하셨다는 느낌을 받습니까?(41, 42절)

---
---

위의 말씀 속에서는 우리는 주님의 책망을 발견할 수 없습니다. 지금까지 주님은 나사로와 마리아와 마르다를 사랑하셔서 베다니에 가실 때마다 그들의 집에 들리기도 하셨으며, 때로는 머물러 계시기도 하셨을 것입니다. 그 때마다 마르다는 주님을 위하여 음식을 준비하지 않았을까요? 그때는 아무 말씀 없이 잘 잡수셨다가 지금 와서 마음이 변하신 것입니까? 오히려 주님께서 **"마르다야 마르다야"** 연거푸 부르신 것은, 마르다를 야단치는 투가 아니라, 마르다에 대한 각별한 사랑과 동정하는 마음을 표현하고 있습니다.

## 2. 마리아가 더 좋은 것을 택했는가?

과연 마리아가 마르다보다 더 좋은 것을 택했을까요? **"마리아는 이 좋은 편을 택하였으니 빼앗기지 아니 하리라"** 는 말씀 때문에 그렇게 생각할 수 있습니다. 그런데 여기서 "이 좋은 편을 택했다"는 말은, 주님을 대접하기 위해 준비하는 것보다 더 좋은 것을 마리아가 택했다는 상대적인 비교를 의미하는 것이 아니라, 주님의 발 앞에 앉아 말씀을 듣는 것 자체가 좋은 것이요, 반대로 마르다는 음식을 장만하여 대접하는 일을 선택하였다는 말이 됩니다. 마리아는 더 좋은 편을 택했다는 비교급을 사용하지 않습니다.

즉, 말씀을 듣는 것과 주님을 위해서 음식을 준비하는 것은, 어느 것이 나쁘고 어느 것이 좋다는 식으로 비교 할 수 있는 성질의 것이 아닙니다. 둘 다 가치를 지니고 있는 좋은 일입니다. 즉 마리아도 좋은 것을 택했고 마르다도 좋은 것을 택한 것입니다.

### 3. 그러면 무엇이 문제인가?

마르다가 주님을 대접하기 위해 많은 일을 한 것이 잘못된 것이 아니라, 일하는 그녀의 마음이 주님을 향하여 모아지지 않고, 그 일들로 인해 분주해지고, 염려와 근심과 불평이 생기게 된 것이 잘못이었습니다.

지금 마르다는 다른 사람이 아닌 이날의 주인공인 주님을 대접하기 위해서 일을 하고 있는 것입니다. 그러므로 주님을 향한, 주님을 위한, 흩어진 마음이 아니라 주님을 향해 모아진 한 마음으로 일을 했어야 했습니다. 바로 그것이 주님을 사랑하는 마음이요 주님을 대접하는 마음인 것입니다. 그래서 주님은 몇 가지만 하든지 혹 한 가지만이라도 족하다고 말씀하셨던 것입니다.

♥ 고전 10:31에서, 우리에게 어떻게 권면하고 있습니까?

_____

_____

우리의 마음이 주님께로 모아지기 위해서는 다른 사람을 의식하지 말아야 합니다. 우리가 주의 일을 한다고 하면서 다른 사람을 의식하게 되면, 다른 사람에게 잘 보이려는 마음이 생기게 됩니다. 마르다는 자기의 일에만 충성하지 않고 마리아의 태도를 의식하게 되니까 불평이 생기게 된 것입니다. 오직 주님을 향해 모아진 마음으로 하고, 나의 욕심과 이기적인 생각을 버려야 하겠습니다.

## 비교하기

《마르다와 나를 비교하여 본받을 점과 고칠 점을 기록해 봅시다》

## 실천하기

《오늘의 말씀을 생각하면서, 한 주간 동안 꼭 실천할 것을 기록해 봅시다》

## 점검하기

《한 주간 동안 나의 신앙생활을 점검해 봅시다》

| | |
|---|---|
| ① 하나님 앞에 온전한 예배를 드렸습니까? | 예, 아니오 |
| ② 날마다 기도를 열심히 했습니까? | 예, 아니오 |
| ③ 매일 성경을 읽었습니까? | 예, 아니오 |
| ④ 지난 주 실천사항을 실천했습니까? | 예, 아니오 |

## 기도하기

《구역식구들의 형편과 처지를 생각하며, 기도제목을 나누고 함께 기도합시다》

## 제21과
## 값비싼 향유를 부은 마리아

성경본문 : 눅 10:38-42, 요 12:1-8
찬송 : 211, 216

"마리아는 지극히 비싼 향유 곧 순전한 나드 한 근을 가져다가 예수의 발에 붓고 자기 머리털로 그의 발을 닦으니 향유 냄새가 집에 가득하더라"
(요 12:3)

### 인물탐구

마리아는 '높여진 자'라는 뜻이며, 예루살렘 교외의 베다니 출신으로서 마르다의 동생이며 나사로의 누이입니다(요 11:1).

그녀는 어떤 일보다 주의 말씀을 경청하는 것에 우선순위를 둔 것으로 보아 주의 말씀을 갈급해 하고 사랑하는 여인이었으며, 조용하고 내성적인 성격의 소유자이기도 합니다. 더구나 삼백 데나리온에 해당하는 값비싼 향유를 붓고 머리털로 예수님의 발을 씻긴 헌신적인 사랑을 지닌 여인이라고 할 수 있습니다.

### 1. 말씀을 경청하는 마리아

마르다와 마리아 그리고 나사로는 무척 주님을 사랑하였으며, 예수님은 여행 중에 피곤할 때마다 자주 베다니의 삼 남매 집에 들어가 쉬고 가곤 하셨습니다. 어느 날, 예수님이 예고 없이 그들의 집에 들렀을 때, 언니 마르다는 예수님과 그 일행을 대접하기 위해 부엌에서 열심히 밥을 짓고 반찬을 만들고 청소하는 일에 경황이 없었습니다. 그러나 동생

마리아는 예수님의 발 앞에 앉아 말씀을 듣고 있었습니다.

마르다는 자기를 도와주지 않는 마리아에게 화가 났습니다. 그래서 예수님께 "주님! 제가 혼자 부엌에서 일하느라 힘이 드는데 제 여동생에게 저를 도와주라 명하소서"(눅 10:40)라고 간청을 하였습니다.

♥ 이때, 예수님께서 마르다와 마리아에게 각각 하신 말씀은 무엇입니까?(눅 10:41-42)

마르다에게 /
_____
_____

마리아에게 /
_____
_____

마리아는 '무엇이 주님께서 원하시는 나의 모습일까?'를 깊이 생각하여 행동했던 것입니다. 그래서 예수님의 장사를 미리 예비할 수 있었던 은혜도 누리게 된 것입니다. 우리는 눈에 보이는 물질적인 것으로 예수님을 기쁘게 해드리는 것이 아니라 우리 자신, 곧 상한 심령을 드리는 것을 주님께서 기뻐하신다는 것을 알고, 말씀을 듣고 기도하는 일에 전념해야 할 것입니다.

### 2. 향유를 부은 마리아

예수님께서는 유월절 엿새 전에 베다니의 나사로 집에 가셨습니다. 그 날은 마르다와 마리아가 오라버니 나사로를 죽음에서 살려주신 은혜에 보답코자 기쁜 마음으로 잔치를 준비해 놓고 기다리고 있었습니다. 그러나 다른 날과는 다른 것이 있었습니다. 마리아는 '내가 주님을 위해 무엇을 하는 것이 가장 좋은 감사의 표현일까?' 생각했습니다. 그리고 그녀는 순전한 나드 한 근이 들어 있는 옥합을 몰래 준비했습니다. 마리아는 주님이 유월절을 예비하기 위해 자기 집에 오신 하나님의 섭리를 깨닫고 향유를 꺼내어 예수님의 머리와 발에 붓고 그 발을 머리털로 닦아 드렸습니다.

♥ 나드향은 죽은 시체에 썩지 않게 바르는 향료입니다. 가룟 유다는 300데나리온이나 하는 비싼 향유를 예수님의 발에 부은 마리아를 어떻게 책망하였습니까?(막 14:5)

---
---

♥ 그때 예수님께서는 무슨 말을 하셨습니까?(마 26:13, 막 14:6-9)

---
---

우리는 무엇으로 주님을 기쁘게 해 드리고 있습니까? 나의 기쁨과 나의 만족을 위하여 교회에 다니고, 나의 복을 위하여 헌금한 것이 아니었습니까? 마리아처럼 주님이 기뻐하시는 것이 무엇일까 생각해 보고, 나의 가장 귀한 것을 주님께 드릴 수 있는 삶의 자세가 되어야 하겠습니다.

## 비교하기

《마리아와 나를 비교하여 본받을 점과 고칠 점을 기록해 봅시다》

## 실천하기

《오늘의 말씀을 생각하면서, 한 주간 동안 꼭 실천할 것을 기록해 봅시다》

## 점검하기

《한 주간 동안 나의 신앙생활을 점검해 봅시다》

| | |
|---|---|
| ① 하나님 앞에 온전한 예배를 드렸습니까? | 예, 아니오 |
| ② 날마다 기도를 열심히 했습니까? | 예, 아니오 |
| ③ 매일 성경을 읽었습니까? | 예, 아니오 |
| ④ 지난 주 실천사항을 실천했습니까? | 예, 아니오 |

## 기도하기

《구역식구들의 형편과 처지를 생각하며, 기도제목을 나누고 함께 기도합시다》

# 제22과
# 감사의 본이 된 문둥이

성경본문 : 눅 17:11-19
찬송 : 295, 148

"그 중의 한 사람이 자기가 나은 것을 보고 큰 소리로 하나님께 영광을 돌리며 돌아와 예수의 발 아래에 엎드리어 감사하니 그는 사마리아 사람이라" (눅 17:15-16)

### 인물탐구

문둥병은 나병(eprosy ; 癩病) 또는 한센병(Hansen's disease)이라고 하며, 나균에 의해 감염되는 만성 전염성 질환입니다. 한의학에서는 가라(痲癩)·풍병(風病)·대풍라(大風癩)라 하였고, 치료가 불가능했던 시대에는 문둥병 또는 하늘이 내린 형벌이라 하여 천형병(天刑病)이라 하였습니다. 그래서 문둥병에 걸리면 사람들이 사람으로 취급하지 않고 버림받은 인생이 되고 말았습니다.

## 1. 감사의 내용을 분명하게 찾아야 합니다.

열 명의 문둥병자들은 예수님 앞에 나아가기만 하면 고침을 받을 것이라는 믿음을 가지고 있었습니다. 요단강에서 일곱 번 몸을 씻으라는 하나님의 말씀을 믿고 순종만 하면 나아만 장군처럼 문둥병도 낫습니다. 바다를 향하여 손을 펴라고 할 때, 손을 펴기만 하면 홍해 바다가 갈라지는 역사가 일어나는 것입니다. 믿음대로 순종하면 기적이 일어나는 것은 아무 것도 아닙니다. 우리의 믿음은 감사의 단계에서 온전해 진다는 사실을 믿으시기 바랍니다.

본문에서 열 사람이 다 병 고침을 받았지만 감사한 마음을 가지고 예수님께 나아온 사람은 단 한 사람뿐이었습니다. 나머지 아홉 사람은 문둥병이 나았다는 사실에 감격한 나머지 감사하는 것을 까맣게 잊어버렸습니다. 때때로 우리는 하나님의 놀라운 은혜를 체험하면서도 아홉 사람의 문둥병자들과 같이 감사를 잊어버릴 때가 매우 많습니다. 우리는 감사할 줄 아는 진정한 그리스도인이 되어야 하겠습니다.

♥ 열 명의 문둥이 중 어떤 사람이 감사를 하였습니까?

_____

_____

### 2. 감사의 대상을 분명하게 알아야 합니다.

나아만 장군은 순종하는 마음으로 요단 강물에 일곱 번 들어가 목욕을 하였더니 문둥병이 깨끗하게 나았습니다. 그때 나아만 장군은 "내 병을 고쳐주신 분은 오직 여호와 하나님이시니 내가 돌아가서도 다른 신을 섬기지 아니하고 여호와 하나님 앞에 경배하리라"고 다짐하면서 이스라엘 땅의 흙을 잔뜩 싣고 돌아갔습니다. 그리고 자기 나라에 돌아가서 이스라엘의 흙을 놓고 하나님께 감사의 제사를 드렸습니다.

병 고침을 받은 열 사람 중에 아홉 명은 그대로 돌아갔지만, 한 사람만은 하나님께 영광을 돌렸습니다.

우리의 감사의 대상은 우리의 생명을 주관하시고 역사를 주관하시는 하나님만이 될 수 있습니다. 만일 우리가 감사의 대상을 분명히 알고서 하나님께 감사를 드린다면 우리에게는 더욱 놀라운 하나님의 은혜가 임하게 됩니다.

♥ 그 한 문둥이의 감사의 이유는 무엇이었습니까?

_____

### 3. 감사는 반드시 표현되어야 합니다.

아무리 감사하다고 생각해도 그것이 그저 마음속에만 남아 있으면 의미가 없습니다. 반드시 겉으로 표현되어야 합니다. 감사의 표현을 할 줄 아는 사람이 인간관계도 좋고, 하나님 앞에서도 더 큰 복을 받는 것입니다.

우리는 감사하는 만큼 표현할 줄 알아야 합니다. 물질도 드릴 수 있어야 하고, 시간을 내어 교회에서 봉사도 할 줄 알아야 합니다. 어떠한 형태로든 우리의 감사는 표현되어야 합니다. 감사한 마음으로 하나님 앞에 나와 예배할 수 있어야 하고, 감사한 만큼 이웃에게 사랑과 물질을 나눌 수 있어야 합니다. 무언가를 얻기 위해 행하는 것이 아니라, 이미 하나님께로부터 받은 것이 너무나도 크기에, 감사한 마음으로 나의 모든 것을 하나님께 드릴 수 있을 때에, 우리의 감사는 온전한 감사가 되는 것입니다.

♥ 나의 감사의 표현방식은 주로 어떤 것입니까?

_____
_____

## 비교하기

《마리아와 나를 비교하여 본받을 점과 고칠 점을 기록해 봅시다》

## 실천하기

《오늘의 말씀을 생각하면서, 한 주간 동안 꼭 실천할 것을 기록해 봅시다》

## 점검하기

《한 주간 동안 나의 신앙생활을 점검해 봅시다》

| | |
|---|---|
| ① 하나님 앞에 온전한 예배를 드렸습니까? | 예, 아니오 |
| ② 날마다 기도를 열심히 했습니까? | 예, 아니오 |
| ③ 매일 성경을 읽었습니까? | 예, 아니오 |
| ④ 지난 주 실천사항을 실천했습니까? | 예, 아니오 |

## 기도하기

《구역식구들의 형편과 처지를 생각하며, 기도제목을 나누고 함께 기도합시다》

## 뽕나무 위에서

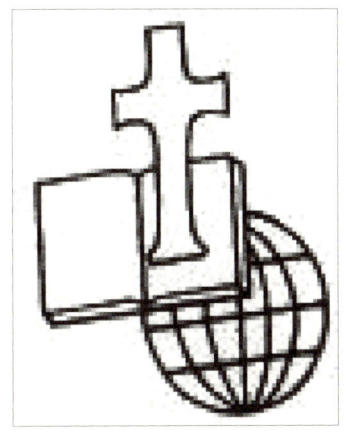

# 제23과
# 구원받은 세리장 삭개오

상경본문 : 눅 19:1-10
찬송 : 305, 292

"예수께서 이르시되 오늘 구원이 이 집에 이르렀으니 이 사람도 아브라함의 자손임이로다 인자가 온 것은 잃어버린 자를 찾아 구원하려 함이니라"
( 눅 19:9,10 )

 인물탐구

삭개오는 '순전', '순수'라는 뜻입니다. 그는 여리고 성의 부유한 세리장이며, 키가 매우 작았습니다. 이스라엘을 침략한 로마의 앞잡이가 되어 세금을 거두어 들였으며, 돈을 모으기 위해 수단과 방법을 가리지 않은 정직하지 못한 세리장이었습니다.

그는 예수님을 보기 위해 뽕나무 위로 올라갈 만큼 무슨 일이든 적극적인 자입니다. 그리고 예수님의 부르심에 즉시 순종하고, 또 회개한 것으로 보아 강한 결단력을 갖춘 자이며, 회개 후 부정 축재한 것을 모두 환원하겠다고 선언할 만큼 단호한 행동주의자입니다.

## 1. 뽕나무에 올라간 삭개오

뽕나무는 성지에서 흔한 나무였지만, 삭개오에게는 은혜스러운 나무였습니다. 우리에게도 흔하지만 은혜 받을 만한 기회가 얼마든지 많이 있습니다.

삭개오는 예수님께서 오신다는 소문을 듣고 어떠한 사람인가 하여 보고자 하였습니다. 그가 예수님을 보려는 열망은 억지가 아니라 간절한 마음에서 나온 것이었습니다. 삭개오는 키가 작고 사람이 많아서 뽕나무에 올라갔습니다. 키가 작은 것은 자기 탓이며 사람이 많은 것은 남의 탓입니다. 뽕나무는 이 두 가지 장애물을 동시에 치유하는 방법입니다. 예수님을 만나려면 내 탓과 남을 탓을 다 극복해야 합니다.

♥ 나는 지금 교회에 억지로 끌려서 나가는가, 아니면 스스로 즐거움으로 나가고 있습니까?

♥ 삭개오가 뽕나무에 올라간 특별한 의미는 무엇입니까?

## 2. 왜 내려오라고 하셨나?

삭개오가 예수님을 보기 위해서 뽕나무에 올라갔지만, 이제 예수님으로부터 부르심을 받고 뽕나무에서 내려와야만 했습니다. 호기심을 가지고 뽕나무 위에 올라갔지만, 이제는 예수님을 영접하기 위하여 뽕나무에서 내려와야 합니다. 올라가는 것은 세상적인 직분이나 지위를 의미할 수도 있습니다. 그런 것으로는 예수님을 만날 수 없습니다. 오히려 올라가는 용기보다 내려오는 결단이 더 필요하며, 더 큰 어려움이 있을 수 있습니다.

♥ 예수님은 왜 삭개오를 내려오라고 하셨습니까?

♥ 예수님을 따르기 위하여 내가 포기해야 할 세상적인 것들은 무엇이 있습니까?

### 3. 내려와서 무엇을 하나?

내려오라는 예수님의 말씀에 삭개오는 급히 내려와 즐거워하며 예수님을 영접하였습니다. 단순히 예수님을 보고자 했던 삭개오는 예수님을 집으로 영접하는 큰 영광을 얻게 되었습니다. 예수님을 영접한 삭개오는 변화되었습니다. 그는 소유의 절반을 가난한 자들에게 주고, 토색한 것을 네 배로 갚겠다고 약속했습니다. 삭개오는 소유와 구원을 바꾼 것입니다.

자발적으로 자신의 재산을 포기하면서까지 주를 영접하여 구원받은 삭개오는, 예수님께 구원의 도리를 듣고도 재물이 많은 탓에 심히 근심하며 돌아간 부자 청년(눅 18:18-30)과 좋은 대조를 이룹니다. 주님께서는 하나님 나라를 위하여 자신의 가장 귀한 것까지도 포기할 줄 아는 자가 축복과 영생을 얻을 수 있다고 말씀하십니다.

♥ 나도 삭개오처럼 하나님 나라를 위해 나의 가장 귀한 것까지도 자발적으로 드릴만한 준비가 되어 있습니까?

### 비교하기

《삭개오와 나를 비교하여 본받을 점과 고칠 점을 기록해 봅시다》

### 실천하기

《오늘의 말씀을 생각하면서, 한 주간 동안 꼭 실천할 것을 기록해 봅시다》

### 점검하기

《한 주간 동안 나의 신앙생활을 점검해 봅시다》

| | |
|---|---|
| ① 하나님 앞에 온전한 예배를 드렸습니까? | 예, 아니오 |
| ② 날마다 기도를 열심히 했습니까? | 예, 아니오 |
| ③ 매일 성경을 읽었습니까? | 예, 아니오 |
| ④ 지난 주 실천사항을 실천했습니까? | 예, 아니오 |

### 기도하기

《구역식구들의 형편과 처지를 생각하며, 기도제목을 나누고 함께 기도합시다》

## 제24과
## 역사의 죄인 빌라도

성경본문 : 눅 23:1-25
찬송 : 151, 154

"빌라도가 무리에게 만족을 주고자 하여 바라바는 놓아 주고 예수는 채찍질하고 십자가에 못 박히게 넘겨 주니라"(막 15:15).

### 인물탐구

본디오라는 말은 '다섯 번째'라는 뜻이며, 빌라도라는 말은 '창검을 든 자'라는 뜻입니다. 그러니까 본디오 빌라도는 유대의 다섯 번째 총독이란 말입니다. 그는 그 이름대로 예수님을 창과 검으로 옆구리를 찌르게 명령을 내린 자가 되었습니다.

그는 예수님이 무죄임을 알면서도 민란을 두려워하여 십자가에 못 박히게 내어 준 것으로 보아 나약하고 비겁한 자이며, 예수를 사형하도록 허락하고도 자신에게는 죄가 없음을 나타내기 위해 손을 씻은 것으로 보아 약삭빠르고 비겁한 자라고 볼 수 있습니다.

### 1. 빌라도가 비난받는 이유

우리가 예배를 드릴 때마다 고백하는 사도신경에 **"본디오 빌라도에게 고난을 받으사 십자가에 못박혀 죽으시고"** 라고 기록되어 있습니다. 수많은 그리스도인의 입에서 본디오 빌라도는 예수님을 십자가에 못 박은 흉악한 사람으로 불리고 있습니다. 예수를 믿지 아니하는 사람들까지도 본디오 빌라도는 예수님을 십자가에 못 박도록 내어준 총독이라는 것을 상식적으로 알고 있습니다.

♥ 왜 빌라도는 이렇게 저주받은 이름이 되었을까요?

그는 무죄한 예수를 처형하는 책임을 회피하기 위해 예수를 제사장에게로(요 18:31), 헤롯에게로(눅 23:7, 12) 넘기다가 결국은 십자가 판결을 내리고도(눅 23:22-25) 자신의 책임을 군중들에게 떠넘기며 자기는 죄 없다고 손을 씻었습니다(마 27:24). 이와 같은 그의 무책임함과 비겁함은 오늘 날 까지도 사도신경을 고백하는 모든 성도들의 비난거리가 되고 있습니다.

### 2. 적당한 타협주의자

당시 유대는 로마의 식민지였기 때문에, 비록 산헤드린 공회라 할지라도 사형을 선고하거나 집행할 수 있는 권한은 없었습니다. 그래서 그들은 예수님을 당시 로마의 총독이었던 빌라도에게 이송시켜 합법적인 사형선고를 받아내려 하였습니다. 빌라도는 예수님을 놓아줄 수도 있었고 처형할 수도 있었습니다. 빌라도는 예수님을 여러 차례 심문하여 보았으나, 예수님에게서 아무런 죄를 발견 할 수 없었습니다. 실제로 빌라도는 예수님을 석방하려고 나름대로 애를 써보았습니다. 그러나 결국에는 예수님을 십자가에 못 박으라고 명령을 내리고 말았습니다.

♥ 눅 23:23-24를 기록해 봅시다.

빌라도는 군중들의 민란만을 두려워한 나머지 진리를 외면하였고, 결국 역사의 죄인이 되었습니다. 자신의 이해관계에 따라 진리를 외면하고, 또 자기의 유익을 위해서 무죄한 자의 생명까지도 소홀히 여긴 빌라도의 행동은 자신의 세속적 이익을 위해서 때로 주님께서 떠나주시기를 간구하는 많은 현대 기독교인들의 행동과 다를 바 없는 것입니다.

### 3. 책임을 회피하는 손

빌라도는 예수님의 죽음에 대한 책임을 회피하고자 손을 씻었습니다. 그러나 단지 씻는 것으로 예수님의 죽음에 가장 큰 책임을 지닌 사형 집행인으로서의 그의 오명(汚名)을 씻을 수는 없었습니다.

그가 진리를 생각했고 옳은 것을 생각했다면 그렇게 무책임한 행동을 하지 않았을 것입니다. 그의 잘못은 단순히 무고한 사람을 십자가에 달리게 했다는 사실만이 아닙니다. 재판관의 자리에 있다보면 잘못 재판할 수도 있고 실수 할 수도 있습니다. 그러나 재판관은 잘못된 실수를 자신이 책임진다는 투철한 책임의식이 있어야 합니다. 빌라도는 자기의 책임을 회피합니다. 너희들이 잘못했으니 나는 책임이 없다는 것입니다. 자신의 자리보전을 위해 남에게 책임을 전가하고 자신의 책임을 회피하는 이것이 우리의 모습이기도 합니다. 우리 자신의 감정이나 자존심 때문에 무고한 사람들을 내주고, 내 책임은 없다며 발뺌하는 빌라도와 같은 비겁한 생각은 버려야 할 것입니다.

♥ 나에게는 혹 책임을 회피하기 위해 애쓰는 어리석음이 없습니까?

## 비교하기

《빌라도와 나를 비교하여 본받을 점과 고칠 점을 기록해 봅시다》

## 실천하기

《오늘의 말씀을 생각하면서, 한 주간 동안 꼭 실천할 것을 기록해 봅시다》

## 점검하기

《한 주간 동안 나의 신앙생활을 점검해 봅시다》

| | |
|---|---|
| ① 하나님 앞에 온전한 예배를 드렸습니까? | 예, 아니오 |
| ② 날마다 기도를 열심히 했습니까? | 예, 아니오 |
| ③ 매일 성경을 읽었습니까? | 예, 아니오 |
| ④ 지난 주 실천사항을 실천했습니까? | 예, 아니오 |

## 기도하기

《구역식구들의 형편과 처지를 생각하며, 기도제목을 나누고 함께 기도합시다》

## 제25과
## 형제를 전도한 제자 안드레

성경본문 : 요 1:35-42, 6:8-9
찬송 : 320, 323

요한의 말을 듣고 예수를 따르는 두 사람 중의 하나는 시몬 베드로의 형제 안드레라 그가 먼저 자기의 형제 시몬을 찾아 말하되 우리가 메시아를 만났다 하고 (메시아는 번역하면 그리스도라)(요 1:40-41)

 **인물탐구**

안드레는 '강인하다, 남자답다'라는 뜻입니다. 안드레는 시몬 베드로의 친동생으로, 빌립과 함께 같은 벳새다 동네의 사람으로 갈릴리 바다에서 고기를 잡는 어부였습니다. 안드레는 먼저 세례요한이 선포하는 회개의 메시지를 듣고 그의 제자가 되기로 작정하고 세례 요한의 뒤를 열심히 쫓아다니다가 예수님의 제자가 되었습니다.

복음을 듣고 제일 먼저 형제 베드로를 주께로 인도한 것을 볼 때 실천적인 전도자이며, 자신이 전도한 형제 베드로가 부각될 동안 늘 조용하게 뒷전에서 자신의 사명을 수행한 것으로 보아 매우 겸손하고 욕심이 없고 인정 많은 자였습니다.

### 1. 형제를 인도한 안드레

안드레는 예수님의 부르심을 받고, 예수님을 구세주로 확인한 후 즉시 형 베드로를 주님께로 인도하였습니다. 비록 많은 사람을 전도하지 못했다 할지라도, 베드로를 예수께 인도함으로써 베드로를 통해 많은 사람이 주께로 돌아오게 만든 장본인이 되었습니다.

♥ 딤후 2:2을 읽고 기록하여 봅시다.
_____
_____

　이처럼 오늘 우리가 대중적으로는 크게 복음을 전파하지 못하나, 우리가 전도한 한 영혼이 장차 하나님의 일에 어떤 큰일을 감당할지는 모르는 일입니다. 이제 우리도 내가 전도하는 한 영혼, 내가 만나는 한 영혼을 귀하게 여기고, 그의 무한한 가능성을 보며 복음을 전파해야 하겠습니다.

### 2. 사랑과 인정 많은 안드레

　갈릴리 해변 벳세다 광야에는 예수님의 말씀을 듣고자 모인 무리가 매우 배가 고픈 상태에 있었습니다. 그때 예수님은 어떻게 이 무리를 먹일 수 있겠느냐고 제자들에게 물으시자, 빌립과 안드레의 반응은 너무나 달랐습니다.

♥ 요 6:7-9에서, 빌립과 안드레의 대답을 비교해 봅시다.
빌립 / _____
안드레 / _____

　빌립의 인간적 사고로 정확히 계산된 대답과는 달리 안드레는 믿음의 눈을 가지고 물고기 두 마리와 보리떡 다섯 개(오병이어)가 있음을 예수님께 고함으로써 오천 명을 먹이고도 열두 광주리가 남는 이적을 체험할 수 있었던 것입니다. 이처럼 하나님의 역사는 인간적인 판단과 계산이 아닌 믿음을 가진 자들을 통해 일어남을 기억해야 합니다.

### 3. 둘째 자리에 만족하는 안드레

안드레는 자기가 인도한 형 베드로와 동료 요한과 야고보가 주님의 으뜸가는 제자가 되고, 자기는 그들의 위치에 들지 못하였어도 섭섭한 마음을 품지 않았습니다. 불평 없이 뒤로 물러나 둘째 자리에 앉는 겸손을 보였고, 단지 주님을 섬김으로 만족하고 충성되고 성실히 사는 사람이었습니다. 높은 지위의 열망은 있으나 뒷전에서 조용하게 주님께서 생각해 주시는 것만 감사하면서, 묵묵히 자기의 사명을 수행하면서 한 사람씩 주님을 믿는 승리자가 되도록 인도하였습니다.

혹 우리는 주의 일을 함에 있어 현재의 자리에 만족하지 못하고 불평 불만하며, 교회 안에서 핵심적인 사람이 되지 못한 것을 안타까워하지는 않는가?

♥ 주님께서는 으뜸이 되고자 하는 자는 어떻게 되어야 한다고 말씀하셨습니까?
   (마 10:44)

_____

_____

## 비교하기

《안드레와 나를 비교하여 본받을 점과 고칠 점을 기록해 봅시다》

## 실천하기

《오늘의 말씀을 생각하면서, 한 주간 동안 꼭 실천할 것을 기록해 봅시다》

## 점검하기

《한 주간 동안 나의 신앙생활을 점검해 봅시다》

| | |
|---|---|
| ① 하나님 앞에 온전한 예배를 드렸습니까? | 예, 아니오 |
| ② 날마다 기도를 열심히 했습니까? | 예, 아니오 |
| ③ 매일 성경을 읽었습니까? | 예, 아니오 |
| ④ 지난 주 실천사항을 실천했습니까? | 예, 아니오 |

## 기도하기

《구역식구들의 형편과 처지를 생각하며, 기도제목을 나누고 함께 기도합시다》

# 제26과
# 친구를 전도한 제자 빌립

성경본문 : 요 1:43-46
찬송 : 191, 315

"빌립이 나다나엘을 찾아 이르되 모세가 율법에 기록하였고 여러 선지자가 기록한 그이를 우리가 만났으니 요셉의 아들 나사렛 예수니라"(요 1:45)

 **인물탐구**

빌립이란 이름의 뜻은 '말(馬)을 사랑하는 자'라는 것입니다. 그는 갈릴리 벳세다 출신으로서 예수님의 열 두 제자 중 한 사람이며, 베드로, 안드레, 그리고 나다나엘의 친구가 됩니다.

그는 무척 합리적이고 현실적인 사고방식을 가진 사람이었습니다. 예수님의 '나를 쫓으라'는 일방적인 명령에 무조건 순종하였으며, 즉시 제자가 되었다는 사실과, 또한 즉시 친구 나다나엘을 찾아가 그리스도를 전했던 것을 보면, 열심 있는 신앙의 소유자라고 할 수 있습니다. 전하는 이야기에 의하면 빌립은 열심히 복음을 전파하다가 히에라폴리스에서 순교했다고 합니다.

## 1. 친구를 인도한 빌립

빌립은 예수님이 메시아라는 놀라운 사실을 깨닫자 곧 사랑하는 친구 나다나엘을 찾아가 참으로 지혜롭게 이 사실을 전했습니다. 구원의 기쁨을 누린 자가 그 기쁨을 가까운 사람에게도 전하고 싶어함은 당연한 것입니다.

♥ 빌립은 나다나엘에게 어떻게 전도했습니까? ( 요 1:43-46 )

_____

_____

　이와 같이 성도에게는 신앙을 돈독히 세워줄 수 있는 좋은 친구가 필요하며, 각 성도들 자신이 다른 성도들에게 그런 친구가 되어 주어야 합니다.

## 2. 소심한 제자 빌립

　예수님께서 오병이어의 기적을 행하시기 전에 빌립에게 시험하시는 질문을 하셨습니다. 갈릴리 호숫가에 모여 있는, 장정만도 오천 명이 넘는 수많은 무리의 음식물을 구할 방법을 물으시는 예수님께 빌립은 인간의 방법 밖에는 제의할 것이 없었습니다. 빌립은 믿음을 시험하는 예수님의 질문에 나름대로 정확히 계산된 대답을 했습니다.

♥ 빌립의 답은 무엇입니까? ( 요 6:7 )

_____

_____

　그러나 이와 같은 빌립의 대답이 인간적으로는 신중하고 빈틈없는 것이었다 할지라도 예수님의 능력을 믿는 신앙적인 모습은 아니었습니다. 우리는 인간적으로 계산되고 치밀하다 할지라도, 그 때문에 하나님의 계획하심을 믿지 못하는 어리석은 자들이 되어서는 안 되겠습니다.

## 3. 하나님을 보여주소서.

　빌립은 하나님의 나라에 대한 확신이 부족했습니다. 예수님께서 "내가 곧 길이요 진리요 생명이니 나로 말미암지 않고는 아버지께로 올 자가 없느니라", "나를 본 자는 아버지를 본 것이다"라고 분명히 말씀을 하셨는데도 불구하고, 빌립은 예수님께 "주여 아버지를 우리에게 보여 주옵소서 그리하면 족하겠나이다"라고 말했습니다. 이것은 '나는 그대로 하나님을 믿을 수 없습니다. 제 눈으로 보아야만 믿을 수 있습니다'라고 하는 불신앙의 태도입니다.

그러나 빌립은 그러한 회의 중에도 끝까지 주님을 따랐습니다. 우리들도 때로는 회의와 의심에 빠질 때가 있습니다. 그럴수록 주님을 더욱 잘 알고자 하는 마음을 가져야 할 것입니다.

♥ 요 14:8에서 빌립이 구한 것이 무엇입니까?
_____
_____

♥ 예수님은 빌립의 질문에 어떻게 답하셨습니까?
_____
_____

### 비교하기

《빌립과 나를 비교하여 본받을 점과 고칠 점을 기록해 봅시다》

```
┌─────────────────────────────────────────────┐
│                                             │
│                                             │
│                                             │
│                                             │
└─────────────────────────────────────────────┘
```

### 실천하기

《오늘의 말씀을 생각하면서, 한 주간 동안 꼭 실천할 것을 기록해 봅시다》

---

### 점검하기

《한 주간 동안 나의 신앙생활을 점검해 봅시다》

| | |
|---|---|
| ① 하나님 앞에 온전한 예배를 드렸습니까? | 예, 아니오 |
| ② 날마다 기도를 열심히 했습니까? | 예, 아니오 |
| ③ 매일 성경을 읽었습니까? | 예, 아니오 |
| ④ 지난 주 실천사항을 실천했습니까? | 예, 아니오 |

### 기도하기

《구역식구들의 형편과 처지를 생각하며, 기도제목을 나누고 함께 기도합시다》

```
┌─────────────────────────────────────────────┐
│                                             │
│                                             │
│                                             │
│                                             │
└─────────────────────────────────────────────┘
```

# 7월

## 물동이를 버리고

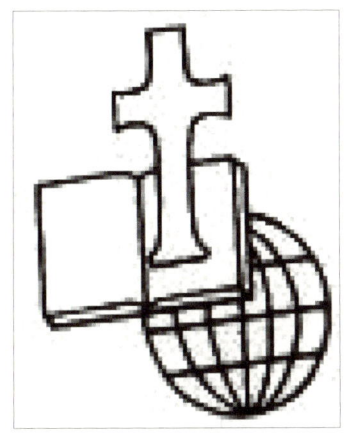

## 제27과
## 간사함이 없는 나다나엘

성경본문 : 요 1:43-51

찬송 : 516, 325

"나다나엘이 대답하되 랍비여 당신은 하나님의 아들이시오
당신은 이스라엘의 임금이로소이다"( 요 1:49)

 **인물탐구**

나다나엘이란 이름은 '하나님께서 주심'이라는 뜻이며, 바돌로매(마10:3)라는 다른 이름도 있습니다. 갈릴리 가나 출신으로서 친구 빌립의 전도를 받아 예수님을 알게 되었으며, 예수님의 열 두 제자 중 한 사람이 되었습니다.

빌립과의 대화 내용을 보면 말씀에 깊은 관심을 가지고 메시아를 바라던 자이며, 한편으로는 회의와 편견도 가지고 있었으나, 순진하고 솔직한 마음을 소유하고 있었으므로, 예수님의 말씀을 듣고 즉시 신앙 고백을 드리는 영적인 사람이 되었습니다.

### 1. 의심을 품은 나다나엘

나다나엘과 예수님의 만남은, 하나님을 경외하며 진실하고 청결한 마음을 소유한 '참 이스라엘 사람'과 '이스라엘의 임금' 예수님의 만남이며, 이는 마치 장차 다가올 메시아왕국에서 이루어질 관계를 보여주는 듯합니다. 그러나 친구 빌립으로부터 나사렛 예수에 대한 이야기를 들은 나다나엘은 나사렛에서 무슨 선한 것이 나오겠는가 의심하는 마음을 가졌

습니다.

♥ 나다나엘의 회의적인 마음은 어떤 것인가요?(요 1:46).

_____
_____

비록 회의와 의심의 모습일지라도, 모든 것을 솔직하게 내어놓고 주님께 나아오기를 원하고 계십니다. 그러므로 우리 성도들은 우리의 있는 모습 그대로를 주님 앞에 내어놓고 주님의 도우심을 구하는 자들이 되어야 합니다.

### 2. 나다나엘의 신앙고백

나다나엘은 구약의 말씀을 깊이 이해하고 있었기 때문에 예수님의 말씀 한 마디에 즉시 그가 메시아임을 알 수 있었으며, 또한 예수님의 말씀을 듣고 진리를 깨달았을 때 이를 즉시 입술로 시인하고 고백함으로써 예수님을 바로 아는 신앙에 굳건히 설 수 있었습니다(요 1:49).

♥ 사도 바울은 믿음의 고백을 어떻게 가르치고 있습니까?(롬 10:10)

_____
_____

♥ 나다나엘의 신앙고백을 적어 봅시다.(요 1:49)

_____
_____

간사함이 없는 나다나엘을 칭찬하신 예수님을 통해서 우리는 하나님을 뜻을 알 수 있습니다. 죄악으로 가득 찬 이 세상과 벗하지 않고, 오로지 거짓 없고 순결한 마음을 지키며 묵묵히 주님을 섬기는 모든 영적 이스라엘 백성은 하나님 나라에 모두 동참하게 될 것입니다. 우리들도 예수님에 대한 믿음과 사랑을 늘 고백함으로써 굳건한 신앙 위에 서도록 하여야 합니다.

### 3. 복음의 증인이 된 나다나엘

하나님의 아들로 믿고 삼 년 반 동안이나 동고동락해 온 예수님이 십자가에 처형당하는 슬픔과 놀라움에 잠긴 나다나엘과 다른 제자들은 디베랴 바닷가에서 고기를 낚으며 절망의 나날을 보내게 되었습니다(요 21:2). 그러던 어느 날 새벽, 밤새도록 한 마리의 물고기도 낚지 못하여 실망한 제자들 앞에 부활하신 주님이 나타나신 것입니다.

♥ 부활하신 주님이 그들에게 나타나셔서 하신 말씀을 기록하여 봅시다.(요 21:5-12)

---
---

부활하신 주님을 만난 후 나다나엘에게는 새로운 소망이 움텄습니다. 예수님께서 승천하신 후 마가의 다락방에서 뜨겁게 기도하던 나다나엘은 성령 충만함을 받고 사도의 길을 걷게 되었습니다. 죽음을 초월하신 생명의 주님을 체험한 증인으로서 복음을 전파하다가 순교하였습니다.

## 비교하기

《나다나엘과 나를 비교하여 본받을 점과 고칠 점을 기록해 봅시다》

## 실천하기

《오늘의 말씀을 생각하면서, 한 주간 동안 꼭 실천할 것을 기록해 봅시다》

## 점검하기

《한 주간 동안 나의 신앙생활을 점검해 봅시다》

| | |
|---|---|
| ① 하나님 앞에 온전한 예배를 드렸습니까? | 예, 아니오 |
| ② 날마다 기도를 열심히 했습니까? | 예, 아니오 |
| ③ 매일 성경을 읽었습니까? | 예, 아니오 |
| ④ 지난 주 실천사항을 실천했습니까? | 예, 아니오 |

## 기도하기

《구역식구들의 형편과 처지를 생각하며, 기도제목을 나누고 함께 기도합시다》

## 제28과
## 거듭남의 비밀 니고데모

성경본문 : 요 3:1-15
찬송 : 274, 289

"예수께서 대답하여 이르시되 진실로 진실로 네게 이르노니 사람이 거듭나지 아니하면 하나님의 나라를 볼 수 없느니라"(요 3:3)

 **인물탐구**

니고데모는 '백성의 정복자'라는 뜻이며, 바리새인이며 이스라엘의 교사였습니다. 또한 그는 유대인의 관원으로 산헤드린 공회원이며, 부자였습니다. 그런 그가 예수님을 찾아 온 것으로 보아 종교에 대한 열심과 의혹을 가진 자이며, 주위의 눈을 의식하여 밤에 예수님을 찾아 온 것을 보면 신중하면서도 일면 소심한 성격의 소유자임을 알 수 있습니다. 그러한 성격의 결과 제사장과 바리새인 앞에서 적극적으로 예수를 변호하지 못했으며, 예수 믿는 것을 당당히 드러내지 못했습니다(요 7:48-52).

### 1. 거듭나지 못한 사람

어느 날 종교적으로 다른 사람보다 더욱 열심을 내고, 사람들에게 존경을 받는 니고데모란 사람이 예수님께 찾아왔습니다. 그는 당시 유대인의 관원이었고, 유대인의 최고의회인 산헤드린 공회의 회원입니다. 오늘날로 말하면 국회의원 정도의 지위를 가진 사람입니다. 또한 그는 이스라엘의 정신적 지주였던 랍비(선생님)였습니다.

그러나 예수님께서 보실 때 그는 거듭나지 못한 사람이었고, 영생을 소유하지 못한 사람이었던 것입니다. 그래서 예수님은 그에게 거듭남의 문제를 지적하자 그는 중생에 대한 지식의 무지를 솔직하게 시인했습니다. 그리고는 예수님께 중생에 대하여 질문을 합니다.

♥ 예수님이 거듭나야 천국에 갈 수 있다고 하시자, 니고데모는 거듭남을 어떻게 생각했습니까?

## 2. 거듭남의 비밀

♥ 다음 성경들은 어떻게 우리가 거듭날 수 있다고 말씀하고 있습니까?
① 요 3:5 /

② 딛 3:5 /

③ 벧전 1:23 /

거듭남은 새롭게 태어나는 것을 의미합니다. 다시 말하면 지금까지의 나 자신을 버리고, 그리스도로 말미암아 새사람이 되는 것입니다. 이것은 선행이나 열심, 헌신적인 기도나 봉사 같은 것으로 이루어지는 것이 아니라 "물과 성령"으로 되는 것입니다.

거듭남은 죄를 씻음으로 이루어지며, 죄를 씻음은 하나님의 말씀으로 말미암는 것을 알 수 있습니다. 이와 같이 "물"이 하나님의 말씀을 상징

한다면 "물과 성령으로 나지 아니하면" 하신 말씀은 곧 하나님의 말씀과 성령으로 나지 아니하면 하나님 나라에 들어갈 수 없다는 뜻이 됩니다.

### 3. 니고데모의 헌신

거듭나지 않는 사람은 하나님의 나라에 대해 별로 관심이 없습니다. 온통 이 세상의 이야기들뿐입니다. 성공하는 일, 출세하는 일, 돈을 많이 버는 일, 인기 탤런트의 신상명세서, 이런 일들에 흥미를 갖습니다. 그렇지만 거듭난 사람의 중심에는 하나님에 대해 깊은 관심을 둡니다. 거듭난 사람은 하나님께서 나를 어떻게 보시는지, 하나님은 나의 삶을 어떻게 평가하는지, 하나님의 선하신 뜻은 무엇인지 생각하며, 하나님의 말씀을 항상 묵상하게 됩니다.

♥ 창 24:63절에, 이삭의 묵상하는 장면을 읽어봅시다.

♥ 시 1:2에서 복 있는 사람은 어떤 사람이라고 말씀하고 있습니까?
_____
_____

## 비교하기

《니고데모와 나를 비교하여 본받을 점과 고칠 점을 기록해 봅시다》

## 실천하기

《오늘의 말씀을 생각하면서, 한 주간 동안 꼭 실천할 것을 기록해 봅시다》

## 점검하기

《한 주간 동안 나의 신앙생활을 점검해 봅시다》

| | |
|---|---|
| ① 하나님 앞에 온전한 예배를 드렸습니까? | 예, 아니오 |
| ② 날마다 기도를 열심히 했습니까? | 예, 아니오 |
| ③ 매일 성경을 읽었습니까? | 예, 아니오 |
| ④ 지난 주 실천사항을 실천했습니까? | 예, 아니오 |

## 기도하기

《구역식구들의 형편과 처지를 생각하며, 기도제목을 나누고 함께 기도합시다》

# 제29과
# 물동이를 버린 여인

성경본문 : 요 4:21-30

찬송 : 526, 412

"여자가 물동이를 버려두고 동네에 들어가서 사람들에게 이르되 내가 행한 모든 일을 내게 말한 사람을 와서 보라 이는 그리스도가 아니냐 하니 그들이 동네에서 나와 예수께로 오더라" (요 4:28-30)

### 인물탐구

사마리아 동네에 이 여인은 아무도 물 긷는 시간이 아닌 정오에 남들이 없는 틈을 타서 우물에 물을 길러 왔습니다. 그러나 뜻밖에 예수님을 만났습니다. 아니 예수님이 이 여인을 구원하려고 오신 것이지요. 어찌했던 이 여인은 주님을 만나 구원을 얻게 되고, 참 생수를 얻었습니다. 그 반응으로 가지고 왔던 물동이를 버려두고 동네로 들어가서 전도를 한 것입니다. 이 여인이 한 행동 즉 물동이를 버렸다는 것에서 우리는 어떤 의미를 찾을 수가 있습니까?

### 1. 우리는 죄악 된 생활을 버려야 합니다.

존 웨슬리의 어머니인 수재너 웨슬리는 위대한 믿음의 어머니이자 지혜롭고 훌륭한 여성이었습니다. 그녀는 부주의하고 고집 센 딸을 올바르게 교육하기 위하여 딸에게 다 탄 숯 한 아름을 안고 오라고 시켰습니다. "이 숯들은 뜨겁지 않단다. 델 염려가 없으니 안고 오렴." 물론 딸은 단번에 "그렇지만 손과 옷이 더러워지잖아요?"라고 거절했습니다. 딸의 반문에 수재너 웨슬리는 "바로 그 점 때문에 늘 주의해야 한단다. 사람의 행동에는 화상까지 입히지는 않지만 손과 가슴을 더럽게 하는 행위도 있기 때문에…"라고 대답했습니다.

본문에 나오는 여인은 이전에 남편이 다섯이나 있었던 여인입니다. 그녀는 주님이 지적한 말씀을 듣고 자신의 난잡하고 죄악 된 삶을 회개하는 마음으로 물동이를 버렸던 것입니다. 여인에게 **"다시는 죄를 범치 말라"** 는 주님의 말씀을 우리는 잊지 말아야 합니다.

♥ 마 5:29-30을 읽고 기록하여 봅시다.

---
---

## 2. 우리의 육신적인 삶을 버려야 합니다.

우리가 살고 있는 지구촌은 여러 가지 문제를 안고 있는데, 그 문제는 공통적인 특징이 있습니다. 첫째는 '끝없는 문제'이며, 둘째는 '불확실성'이고, 셋째는 '방향감각을 잃었다'는 점입니다. 도대체 이 세대가 어디로 가는지 알 수 없습니다. 문제의 원인도 모르고 대책도 없습니다. 우리는 이러한 문제를 사회문제, 혹은 다른 사람의 문제로 책임을 전가시켜 생각하기 쉽습니다. 그러나 이 문제들은 다른 사람의 문제가 아닌 바로 나 자신의 문제입니다. 그러므로 나 자신으로부터 문제를 풀어나가야 합니다. 이런 사람은 복되고 성숙한 인격으로 후회 없는 생을 살 것입니다.

♥ 내가 지금 풀어야 할 문제는 무엇입니까?

---
---

### 3. 자기 사랑에서 영혼 사랑으로 바뀌었습니다.

　여인은 자기 물을 먹기에 갈급하였습니다. 누구 사정 봐 주고 할 입장이 아니었습니다. 그리고 그는 무엇보다 다른 사람 만나는 것이 두려웠습니다. 그러나 그녀는 주님을 만난 후 물동이를 버렸습니다. 그리고 동네로 들어갔습니다. 그리고 그녀는 "메시아를 만났다"고 외쳤습니다. 그 여인의 소리는 정말 간절한 소리였습니다. 그 여인의 소리에는 무언가 진실이 담겨져 있었습니다.

　평소에는 무슨 말을 하던지 조롱하고 비웃던 동네 사람들이, 그 여인의 이 소리를 듣는 순간 마음에 감동이 왔습니다. 그리고 그들은 움직였습니다. 한 사람씩 두 사람씩 우물가로 몰려들었습니다. 그리고 저들은 주님을 만났던 것입니다. 물동이를 버린 한 여인의 믿음이 이토록 놀라운 결과를 가져오게 한 것입니다.

♥ 나는 내가 만난 예수님을 어떻게 전할 수 있습니까?

_____

_____

## 비교하기

《여인과 나를 비교하여 본받을 점과 고칠 점을 기록해 봅시다》

## 실천하기

《오늘의 말씀을 생각하면서, 한 주간 동안 꼭 실천할 것을 기록해 봅시다》

## 점검하기

《한 주간 동안 나의 신앙생활을 점검해 봅시다》

| ① 하나님 앞에 온전한 예배를 드렸습니까? | 예, 아니오 |
| --- | --- |
| ② 날마다 기도를 열심히 했습니까? | 예, 아니오 |
| ③ 매일 성경을 읽었습니까? | 예, 아니오 |
| ④ 지난 주 실천사항을 실천했습니까? | 예, 아니오 |

## 기도하기

《구역식구들의 형편과 처지를 생각하며, 기도제목을 나누고 함께 기도합시다》

# 제30과
# 신앙적 회의론자 도마

성경본문 : 요 20:24-29
찬송 : 536, 537

"…도마가 이르되 내가 그의 손의 못 자국을 보며 내 손가락을 그 못 자국에 넣으며 내 손을 그 옆구리에 넣어 보지 않고는 믿지 아니하겠노라 하니라(요 20:25)

### 인물탐구

도마는 갈릴리 출신이며, 그의 이름 도마는 히브리식 이름으로 '쌍둥이'라는 의미이며, 헬라식 이름은 디두모라고 합니다. 그는 예수님의 열 두 제자중의 한 사람입니다.

그는 부활의 주님을 직접 눈으로 보고, 만져 보아야만 믿을 수 있겠다고 한 것으로 보아 이성적으로 판단하고 실증적으로 이해하려는 성격의 소유자였습니다. 그러나 일단 받아들이면 매우 강한 충성을 보이는 사람이었습니다. 후일에 그는 인도에서 설교하다가 순교했다고 합니다.

## 1. 인간적인 도마

갈릴리 출신의 어부였던 도마는 열정적이면서도 이성적인 사람이었습니다. 예수님께 충성된 마음으로 헌신하기로 작정한 도마는 예수님을 위해서라면 어떠한 위험이라도 감수할 각오가 되어 있었습니다. 예수님을 뜨겁게 사랑하는 도마는 예수님께서 병든 나사로를 방문하시려고 할 때 다른 모든 제자들의 반대에 맞서 "주와 함께 죽으러 가자"고 선언할 만큼 담대하고 의리가 있는 사람이었습니다.

♥ 왜 제자들이 나사로를 살리려고 하시는 예수님을 극구 말렸습니까?(요 11:8)

---

스스로 하나님의 아들이심을 증거하시는 예수님을 죽일 음모를 꾸미고 있는 유대 땅에 간다는 것은 곧 생명을 내어놓는 행위였습니다. 그러나 도마에게는 어떠한 난관이나 생명의 위협도 장애가 될 수 없었습니다. 오직 사랑하는 예수님을 끝까지 따르기 원하는 도마의 마음은 죽는 곳이라도 따라갈 각오가 되어있던 것입니다.

### 2. 이성적인 도마

이처럼 확고한 도마의 헌신된 마음도 현실적인 데 머무르고 있었습니다. 인간의 이성적인 한계에서 벗어나지 못하는 도마의 사고방식은 예수님께서 이루신 구원사역을 이해할 수가 없었습니다. 십자가에서의 처참한 죽음으로 하나님의 구원을 완성하실 예수님의 길을 알지 못하는 도마는 겟세마네 동산에서 예수님을 등지고 도망치는 인간의 사랑의 한계를 보이고 말았습니다.

그 후 예수님을 잃고 비탄에 잠겨 있던 도마는 주님께서 부활하셨다는 동료들의 말을 믿지 못하는 불신앙을 보일 수밖에 없었습니다. 자신의 눈으로 직접 목격하고 손으로 만져보지 않고 믿는다는 것이 도마에게는 불가능했던 것입니다.

♥ 의심하는 도마에게 주님은 무엇이라고 말씀하셨습니까?(요 20:27)

---

♥ 요한 20:29에서 주님은 어떤 사람이 복 있는 사람이라고 하셨습니까?

### 3. 믿음의 사람 도마

도마는 부활하신 예수님을 만남으로써 진정한 믿음의 사람으로 변화되었습니다. 그의 호기심과 의심을 정직하게 표현하고 끊임없이 진리를 간구함으로써 결국 진리를 깨닫고 참된 믿음에서 우러나오는 용기로 자신의 사명을 감당할 수 있었습니다.

예수 그리스도를 올바로 믿지 못하는 사람들 중에는 도마처럼 현실적이고 합리적인 세상지식에 얽매여 기적을 행하시는 전능하신 하나님을 믿음으로 받아들이지 못하는 경우가 많습니다. 그러나 2천 년 전에 도마에게 부드럽게 책망하셨던 예수님께서는 오늘도 의심에서 벗어나지 못하는 자들을 향해서 "보지 못하고 믿는 자들은 복되도다"고 말씀하십니다. 우리 성도들은 보지 못하는 중에도 믿음으로 복된 믿음을 소유하는 자들이 되어야 하겠습니다.

♥ 도마는 어떻게 고백을 하였습니까?(요 20:28)

### 비교하기

《도마와 나를 비교하여 본받을 점과 고칠 점을 기록해 봅시다》

### 실천하기

《오늘의 말씀을 생각하면서, 한 주간 동안 꼭 실천할 것을 기록해 봅시다》

### 점검하기

《한 주간 동안 나의 신앙생활을 점검해 봅시다》

| | |
|---|---|
| ① 하나님 앞에 온전한 예배를 드렸습니까? | 예, 아니오 |
| ② 날마다 기도를 열심히 했습니까? | 예, 아니오 |
| ③ 매일 성경을 읽었습니까? | 예, 아니오 |
| ④ 지난 주 실천사항을 실천했습니까? | 예, 아니오 |

### 기도하기

《구역식구들의 형편과 처지를 생각하며, 기도제목을 나누고 함께 기도합시다》

# 8월

## 낙타의 무릎으로

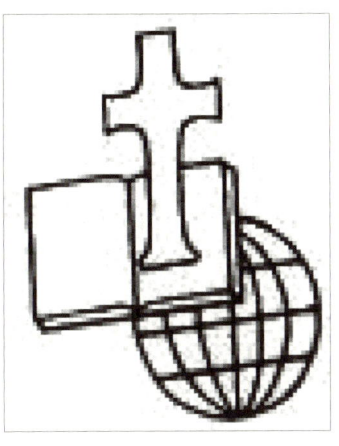

# 제31과
# 실패를 극복한 마가

성경본문 : 행 1:12-15, 딤후 4:11

찬송 : 536, 597

"바울과 및 동행하는 사람들이 바보에서 배 타고 밤빌리아에 있는 버가에 이르니 요한은 그들에게서 떠나 예루살렘으로 돌아가고"(행 13:13)

 **인물탐구**

마가는 지중해 구브로 섬 출신으로서 예루살렘에서 성장한 부유한 레위 족속입니다. 마가란 이름은 '큰 망치'라는 뜻의 로마 이름이며, 본명은 '요한'입니다. 그는 예루살렘 마리아의 아들(행 12:12)이며, 바나바의 생질입니다. 바울의 조력자로서 베드로의 믿음의 아들이라고 할 수 있습니다(벧전 5:13). 그는 마가복음을 기록하여 로마인들에게 구원의 빛을 비추어 주기도 했습니다.

예수님이 체포되던 날, 몰래 예수를 따르다가 발각되어 겉옷을 벗은 몸으로 도망하기도 하였으며(막 14:51, 52), 제2차 선교 여행에서 도중하차하기도 하였으나, 자신의 부를 가지고 믿음의 형제를 위해 봉사한 것으로 보아 인정 많은 자입니다.

## 1. 예배처를 제공한 마가

경제적으로 부유했던 마가는 자신의 넓은 집을 제자들을 위해 개방하였습니다(행 1:12-15). 우리나라에도 5만여 개 이상의 교회들이 있습니다. 그러나 그 가운데 대다수가 자기 건물을 갖지 못한 교회들입니다.

교회가 처음 시작할 때 대부분 가정에서 모여 기도로 시작하여 예배를 드리는 것처럼, 마가 요한의 다락방도 오늘날의 개척교회의 모본이 되었다고 할 수 있습니다.

이처럼 자신의 재산과 지위를 그리스도를 섬기는 데 사용했다는 것은, 이기주의가 팽배한 현대 사회를 살아가는 우리에게 귀한 모범이 됩니다. 이처럼 우리도 나의 것을 이웃과 나누며, 그리스도를 위해서 사용할 수 있어야 할 것입니다.

♥ 120명의 제자들이 모여서 기도하던 곳은 어디입니까?(행 1:13)

## 2. 떠나는 사람

마가 요한은 성령의 보내심을 받은 바나바와 사울을 돕는 수종자로서, 아직 준비되지 못한 사람이며, 특별한 선교의 사명을 받지 못한 사람이었습니다. 바나바의 고향에서 성공적인 복음전도를 마친 후 다른 지역으로 확장하여 계속 복음을 전하려 할 때, 그는 앞으로 겪어야 할 고난과 핍박, 그리고 고생을 걱정하여 복음전도 대열에서 떠나고 말았습니다. 또한 바나바와 사울의 선교전략에 대한 불평과 불만도 있었을 것입니다.

아무리 훌륭한 사람들도 인간이기에 서로 다른 느낌과 감정으로 다툴 때도 있고 속상할 때도 있지만, 더 중요한 것은 하나님이 어떻게 생각하실까 하는 것입니다. 우리는 각자가 받은 은사가 다르고, 사명이 다릅니다. 서로 다른 은사나 사명을 이해하고, 서로 보완하고 협력하여 조화를 이룰 수 있어야 주님의 몸된 교회를 온전히 세울 수 있을 것입니다.

♥ 교회에서도 서로 마음이 맞지 않아 교회를 떠나는 사람도 있고, 다른 교회로 가는 사람도 있습니다. 이런 사람을 어떻게 생각합니까?

### 3. 유익한 사람

마가 요한은 훗날 바울을 도와서 하나님의 일에 유익한 사람이 되었습니다. 마가 요한은 한때의 실수를 통해 더욱 영적으로 성숙하여 유익한 사람이 된 것입니다. 바울은 마가 요한을 따뜻하게 영접하고 환영하라고 부탁하였고(골 4:10), 나의 일에 유익한 자라고 마가를 사랑하고 있음을 알게 됩니다.

♥ 요한과 베드로, 바울과 바나바의 관계는 어떻게 되었습니까?(딤후 4:11)

_____

_____

우리들도 우리에게 아픔을 준 사람이 혹 있다면, 그리고 우리의 곁을 떠난 사람이 있다면, 그를 포기하지 말고 기도하며 사랑할 수 있기를 바랍니다. 마가와 바울의 결말처럼, 하나님 앞에서 우리의 삶도 아름다운 관계를 유지해야 하겠습니다.

## 비교하기

《마가와 나를 비교하여 본받을 점과 고칠 점을 기록해 봅시다》

## 실천하기

《오늘의 말씀을 생각하면서, 한 주간 동안 꼭 실천할 것을 기록해 봅시다》

## 점검하기

《한 주간 동안 나의 신앙생활을 점검해 봅시다》

| | |
|---|---|
| ① 하나님 앞에 온전한 예배를 드렸습니까? | 예, 아니오 |
| ② 날마다 기도를 열심히 했습니까? | 예, 아니오 |
| ③ 매일 성경을 읽었습니까? | 예, 아니오 |
| ④ 지난 주 실천사항을 실천했습니까? | 예, 아니오 |

## 기도하기

《구역식구들의 형편과 처지를 생각하며, 기도제목을 나누고 함께 기도합시다》

# 제32과
# 낙타의 무릎을 가진 야고보

성경본문 : 행 1:12-14, 약 1:1-8
찬송 : 342, 343

"또 기둥같이 여기는 야고보와 게바와 요한도 내게 주신 은혜를 알므로
나와 바나바에게 교제의 악수를 하였으니…"(갈 2:9).

 **인물탐구**

      야고보서의 저자로 알려진 알패오의 아들 야고보는 열 두 제자 중에서 작은 야고보로 불리며, 혹은 예수님의 동생으로도 알려져 있습니다. 아마 세베대의 아들 야고보 보다는 나이나 혹은 키가 작았기 때문에 붙여진 것이 아닐까 합니다. 그리고 그의 어머니는 마리아입니다 (막 15:40). 전승에 의하면 그는 예루살렘 최초의 감독이었으며, 50년경에 열린 예루살렘 공의회에도 참석했다고 합니다.

      유세비우스(Eusebius)라는 역사학자는 알패오의 아들 야고보에게 "낙타의 무릎을 가지고 있는 사람"이라는 별명을 붙여주었습니다. 왜냐하면 그는 늘 기도하면서 무릎을 꿇고 있다 보니 낙타 무릎 모양처럼 되었기 때문입니다.

## 1. 소리 없이 열심을 내는 사람

      작은 야고보는 그의 인적사항을 통하여 볼 때 특별히 내세울 만한 업적이나 아니면 유명한 말을 남기지도 아니한 그저 지극히 평범한 사도이며, 그전에 아마 열심당원으로 활동한 것 같습니다. 당시의 열심당원

들은 로마의 지배 아래 있던 조국 유대를 해방시키기 위해서 민족 해방 운동에 가담했던 일종의 민족 독립 운동원들을 가리킵니다. 성경에는 유다, 다대오, 시몬, 가룟 유다 등이 있습니다.

그러니까 작은 야고보도 한 때는 자신도 민족을 독립시키기 위한 정치적인 운동에 참여했던 사람이었지만, 주님의 제자로 부름을 받고 난 이후에는 조용히 주님의 나라를 위해서 일하는 사람이 되었습니다. 우리도 주님의 일을 할 때 소리 없이 자신의 일을 묵묵히 할 수 있는 태도가 필요합니다.

♥ 전 5:2에서 우리의 태도는 어떠해야 한다고 말씀하고 있습니까?

---
---

## 2. 기도와 전도의 사람

역사가 유세비우스에 의하면, 제자들 중에서 예수님을 가장 많이 닮았던 제자가 작은 야고보였으며, 제일 미남이었다고 합니다. 또한 그는 야고보에게 '낙타의 무릎을 가지고 있는 사람'이라는 별명을 붙여주었는데, 왜냐하면 그는 늘 기도하면서 무릎을 꿇고 있다 보니 낙타 무릎 모양처럼 되었기 때문이라고 합니다.

또한 기록에 의하면 야고보는 시리아에 가서 전도를 하였고, 다시 예루살렘에 돌아와서 전도를 하는데, 유대인들이 그를 돌로 쳐죽이려고 했지만, 목숨이 쉽게 끊어지지 않자 톱을 가지고 켜서 죽였다고 합니다. 그래서 후일에 그리스도인들은 야고보를 묘사할 때 그의 인생을 상징하기 위해 톱 그림을 그려 톱에 켜서 죽은 사람으로 묘사하였다고 합니다.

♥ 믿음은 무엇으로 말미암아 온전하게 됩니까? (약 2:22)

---

### 3. 작지만 큰 사람

우리 민족만큼 큰 것을 좋아하는 민족도 별로 없을 것 같습니다. 나라 이름이 대한민국이니까요. 오늘날 모든 것들이 대형화 되어가고 있으며, 우리들도 큰 것만 좋아합니다. 심지어 교회도 대형화 되어가고, 교회의 집회도 대예배, 대집회, 대부흥회, 대성회라고 칭합니다. 물론 크고 아름답게 좋은 일을 많이 하면 문제가 없지요.

주님께서 원하시는 것은 눈에 드러나는 일이 아니지만 교회에서 예배가 끝난 후 의자를 바르게 정돈하는 일에서부터 떨어진 주보를 제 자리에 놓는 일, 휴지 조각 하나라도 줍는 일, 껌 찌꺼기를 제거하는 일 등, 이러한 일이 작은 일이요 귀한 일입니다. 우리들도 작은 야고보처럼 자기가 작다는 사실을 받아들이고, 작은 것을 소중히 여기고 충성을 다하는 성도들이 되어야 하겠습니다.

♥ 주님은 우리가 어떤 사람이 되기를 원하실까요?(눅 16:10)

## 비교하기

《야고보와 나를 비교하여 본받을 점과 고칠 점을 기록해 봅시다》

## 실천하기

《오늘의 말씀을 생각하면서, 한 주간 동안 꼭 실천할 것을 기록해 봅시다》

## 점검하기

《한 주간 동안 나의 신앙생활을 점검해 봅시다》

| | |
|---|---|
| ① 하나님 앞에 온전한 예배를 드렸습니까? | 예, 아니오 |
| ② 날마다 기도를 열심히 했습니까? | 예, 아니오 |
| ③ 매일 성경을 읽었습니까? | 예, 아니오 |
| ④ 지난 주 실천사항을 실천했습니까? | 예, 아니오 |

## 기도하기

《구역식구들의 형편과 처지를 생각하며, 기도제목을 나누고 함께 기도합시다》

# 제33과
# 드러나지 않은 일꾼 맛디아

성경본문 : 행 1:15-26

찬송 : 515, 580

"제비 뽑아 맛디아를 얻으니 저가 열한 사도의
수에 들어가니라" (행 1:26)

 **인물탐구**

　　가룟 유다가 자살한 후 사도들은 그를 대신할 사도로서 맛디아를 선출했습니다. 알렉산드리아의 클레멘트는 맛디아가 예수님에 의해 직접 지명된 제자는 아니었지만, 이미 예수님께서는 그가 제자가 될 것을 알고 계셨다고 말하였습니다.

　맛디아라는 이름은 '하나님의 선물'이라는 뜻을 가지고 있습니다. 그는 자신의 이름이 의미하는 것처럼 주님의 제자가 되는 엄청난 선물을 받았습니다. 그는 유다와 카파도키아, 이집트와 에디오피아에서 복음을 전하다가 80년경에 콜키스(Colchis)라는 곳에서 돌에 맞아 순교하였다고 합니다.

## 1. 시종 일관된 믿음

　맛디아는 제자의 자질이 풍부한 사람이었습니다. 그는 세례 요한의 때부터 주님이 부활 승천하시는 날까지 줄곧 주님을 따랐고, 당장의 지위와 신분이 없어도 위축됨이 없었습니다. 주님 승천하신 후에도 제자들과 함께 지내며 단체를 이탈하지 않았습니다.

♥ 제자를 선택하는 자격 조건은 무엇이었습니까?(행 1:21-22)

---

맛디아가 사도의 반열에 오를 수 있었던 것은 시종일관한 신앙생활 때문입니다. 그는 직분을 주지 않음에 대하여 불평도 원망도 없이 묵묵히 자신의 일을 했으며, 주님의 뒤를 끝까지 따랐기 때문에 많은 사람들의 지지를 받을 수 있었던 것입니다. 오늘 우리는 신앙생활을 오래했는데, 교회에서 직분을 받지 못했다고 불평한 적은 없는지, 과연 처음부터 시작할 때의 그 믿음과 열심을 지금까지 가지고 열심히 생활하고 있는지 반성할 필요가 있습니다.

### 2. 한 마음으로 일함

'남이 자기를 알아주지 않는 것을 근심하지 말고, 자기가 남을 알지 못함을 근심하라'는 말이 있습니다. 다른 사람들이 자기의 재능을 알아주지 않는 것을 안타까워하지 말고, 내가 남을 이해하지 못하는 것을 안타까워해야 할 것입니다. 다른 사람을 이해하지 못하면 한 마음이 될 수 없기 때문입니다.

사도행전 1장에 맛디아란 이름이 사도들의 대열에 올라 기재되었지만, 그 후로 그의 이름은 사도들 가운데 묻혀버렸습니다. 그러나 오순절 성령 강림 때에 **"베드로가 열 한 사도와 같이 서서 소리를 높여"**(행 2:14)의 말씀으로 보아, 그는 다른 사도들과 함께 열심히 일했다는 것을 알 수 있습니다.

♥ 맛디아가 다른 사도들과 한 마음으로 묵묵히 일을 할 수 있었던 힘은 무엇일까요?(엡 4:3)

### 3. 위험을 감수함

사도들은 사람들 중에서 존경을 받은 것도 사실이지만, 복음 전도의 과정에서 핍박의 주요 대상이었고, 군중들로부터 배척을 당하기도 했습니다. 그러므로 사도라는 이름을 받는 것은 주님을 사랑하는 뜨거운 열정을 가지고 핍박을 당하거나 생명의 위험이 있어도 감당해 낼 각오가 없이는 안 되는 것입니다.

♥ 그리스도의 군사 된 사람은 무엇을 각오해야 합니까?(딤후 2:3, 4)

_____
_____

바나바와 맛디아는 같이 뽑혔지만 한 사람은 하나님께 사도로 선택받았고 한 사람은 그렇지 못했습니다. 그러나 그들 사이에는 어떤 갈등도 발견되지 않습니다. 사도가 되었든지 되지 않았든지 간에 겸손한 마음으로 하나님의 뜻이 이뤄지기만을 원했기 때문에 아무런 문제도 생기지 않은 것입니다.

## 비교하기

《맛디아와 나를 비교하여 본받을 점과 고칠 점을 기록해 봅시다》

## 실천하기

《오늘의 말씀을 생각하면서, 한 주간 동안 꼭 실천할 것을 기록해 봅시다》

## 점검하기

《한 주간 동안 나의 신앙생활을 점검해 봅시다》

| | |
|---|---|
| ① 하나님 앞에 온전한 예배를 드렸습니까? | 예, 아니오 |
| ② 날마다 기도를 열심히 했습니까? | 예, 아니오 |
| ③ 매일 성경을 읽었습니까? | 예, 아니오 |
| ④ 지난 주 실천사항을 실천했습니까? | 예, 아니오 |

## 기도하기

《구역식구들의 형편과 처지를 생각하며, 기도제목을 나누고 함께 기도합시다》

# 제34과
# 예수님의 수제자 베드로

성경본문 : 행 4:13-21
찬송 : 336, 95

"또 내가 네게 이르노니 너는 베드로라 내가 이 반석 위에 내 교회를
세우리니 음부의 권세가 이기지 못하리라"(마 16:18)

  **인물탐구**

베드로는 '반석'이라는 뜻이며, 아람어로는 '게바'이며, 베드로는 헬라식 이름입니다. 본명은 시몬이며, 예수님의 열 두 제자 중 수제자라고 할 수 있습니다. 그는 갈릴리 사람 요한의 아들이며 안드레의 형입니다. 그는 가버나움 근처 벳세다 동리의 어부 출신으로서 많이 배우지 못하였지만, 예수님의 제자가 되어 초대 교회의 지도자가 되었습니다.

베드로는 성격이 급하고 경솔한 탓에 실수를 잘하고 급기야는 예수님을 세 번씩이나 부인까지 합니다. 그러나 닭이 울자 즉시 돌이켜 눈물 흘리며 회개하는 마음이 연약하고 신실한 자이기도 합니다. 무엇보다도 초대 교회의 수석 사도로서 초대 교회를 이끌어 간 탁월한 지도자라고 할 수 있습니다.

### 1. 순종의 사람

베드로는 성격이 급한 사람으로 잘 알려져 있습니다. 그러나 한편 그는 순종의 사람이기도 합니다. 갈릴리 바다에서 한 밤중에 바다 위로 걸

어오시는 예수님을 보고 모두들 유령이라고 벌벌 떨고 있는데, 베드로는 "만일 주시어던 저도 바다위로 걸어가게 해 달라"고 부탁을 했습니다. 예수님께서 바다 위를 걸어오라 하실 때, 그는 말씀에 순종하여 서슴없이 바다 위에 발을 내밀어 바다 위를 걸었던 놀라운 은혜를 체험했던 것입니다(마 14장).

또 어느 날, 밤이 맞도록 고기를 잡기 위해서 그물을 던졌지만, 그날 따라 한 마리도 못 잡고 그물을 거두어들이고 있었습니다. 그 때 예수님이 오셔서 깊은 데로 가서 그물을 던지라고 했을 때, 그 말씀에 순종하여 그물을 내리니 그물에 가득 차게 고기를 잡은 적도 있습니다.

정말 베드로는 성질이 급한 사람이었지만, 순종하고 헌신함으로써 주님을 위해서 봉사하는 일에 늘 앞장서는 자가 되었고, 주님의 칭찬을 받고 은혜를 깊이 체험하는 제자가 되었습니다.

♥ 하나님은 사람을 쓰실 때 그의 인격이나 성격도 그대로 쓰실까요?

---
---

## 2. 베드로의 고백과 부인

♥ 예수님이 제자들에게 "너희는 나를 누구라 하느냐"고 물으실 때, 베드로는 어떻게 대답했습니까?(마 16:15-16)

---
---

베드로의 신앙고백보다 더 훌륭한 고백은 없습니다. 그 고백으로 그는 천국열쇠를 얻었고, 그 위에 교회가 든든히 서리라고 말씀하셨습니다. 그러나 주님께서 성만찬의 자리에서 오늘 밤 너희들이 다 나를 버리고 도망할 것이라고 말씀하셨을 때, 베드로는 다른 사람들은 다 주님을 비릴찌라도 결코 주님을 버리지 않겠다고 다짐했으나, 결국 그는 세 번이

나 주님을 모른다고 부인했던 것입니다.

혹 우리도 베드로와 같이 예수님을 믿는다고 하면서도 믿지 아니하는 사람들 앞에서 주님을 부인한 경험은 없는지 살펴보아야 할 것입니다.

### 3. 세상이 감당치 못하는 사람

바닷가의 무식한 어부가 주님의 구원의 원리를 전하는 뛰어난 지식인으로 변했습니다. 변덕스럽던 베드로가 초대교회의 용기 있는 지도자로 변화되었습니다. 감성이나 지성으로는 신앙인답지 못한 점이 많고, 예수님의 수제자로서는 많이 부족한 사람이었습니다. 그러나 예수님과 동행하면서 그는 영적인 사람으로 변화되었습니다.

그에게서 많은 기적과 이적이 나타났습니다. 자신의 목숨조차도 주를 위해 버리고자 각오하고, 성령님이 함께 하면 세상이 감당치 못할 사람이 되는 것입니다.

♥ 사람들은 베드로를 어떻게 취급했습니까? (행 4:13,16)

---
---
---

## 비교하기

《베드로와 나를 비교하여 본받을 점과 고칠 점을 기록해 봅시다》

## 실천하기

《오늘의 말씀을 생각하면서, 한 주간 동안 꼭 실천할 것을 기록해 봅시다》

## 점검하기

《한 주간 동안 나의 신앙생활을 점검해 봅시다》

| | |
|---|---|
| ① 하나님 앞에 온전한 예배를 드렸습니까? | 예, 아니오 |
| ② 날마다 기도를 열심히 했습니까? | 예, 아니오 |
| ③ 매일 성경을 읽었습니까? | 예, 아니오 |
| ④ 지난 주 실천사항을 실천했습니까? | 예, 아니오 |

## 기도하기

《구역식구들의 형편과 처지를 생각하며, 기도제목을 나누고 함께 기도합시다》

# 제37과
# 욕심 때문에 망한 부부

성경본문 : 행 5:1-11

찬송 : 290, 266

"베드로가 가로되 너희가 어찌 함께 꾀하여 주의 영을 시험하려 하느냐 보라 네 남편을 장사하고 오는 사람들의 발이 문 앞에 이르렀으니 또 너를 메어 내가리라 하니"(행 5:9)

 **인물탐구**

아나니아는 '여호와는 의로우시다'라는 이름의 의미가 있습니다. 그리고 그의 아내 삽비라는 '아름답다'라는 뜻의 이름입니다. 그들은 예루살렘 교회의 부부 교인입니다.

그들은 성도들에 대한 질투 때문에 진정한 마음도 없이 자신의 소유를 드린 허영심이 많고, 땅 값의 일부를 감추고 일부만 드리면서 전부를 드린 것처럼 거짓말을 함으로서 하나님께 징계를 당하였습니다.

### 1. 인간은 속여도 하나님은 속일 수 없습니다.

초대교회는 성도들이 공동생활을 했는데, 아나니아와 삽비라 부부도 자신의 소유를 팔아 공동체에 드리기로 했습니다. 그러나 처음 의도와는 달리 물질에 대한 탐심으로 판 값의 얼마를 감추고 나머지만을 가져다가 그것이 전부인양 사도들 앞에 내놓았던 것입니다.

하나님을 속인 결과 아나니아는 그 자리에 엎드러져 혼이 떠나고 말았습니다. 그의 아내 삽비라 역시 남편이 죽은 것을 모르고 들어왔다가 베드로가 땅 판 값을 전부 바친 것이냐는 질문에 똑같은 거짓말을 함으로 그 혼이 떠나 죽고 말았습니다. 하나님을 섬기면서 다른 한편으로는 돈을 사랑한 이들 부부의 불행한 최후는 두 마음을 품는 위선자의 결과가 어떠한지를 확실히 보여줍니다.

♥ 하나님의 말씀은 어떤 역할을 합니까?(히 4:12).

♥ 아나니아가 한 거짓말은 결국 누구를 속인 결과가 됩니까?(행 5:3, 4)

## 2. 하나님의 권능에 대한 도전

엘리야나 엘리사, 사도 바울과 베드로, 그리고 예수님을 통해서 죽었던 사람이 살아나는 일이나, 엘리사 선지자의 저주를 통해 수많은 아이들이 곰에게 죽임을 당하며, 예수님께서 저주하시니 무화과나무도 시들어 말라죽었던 사건들이 성경에 있습니다. 이는 하나님께서 사랑하시고 귀하게 쓰는 이들에게는 생사를 주관하는 권세를 주신 것으로 볼 수 있습니다.

♥ 하나님께서 종들에게 이처럼 엄청난 권세와 능력을 주시는 이유는 무엇일까요?(요 4:48)

오늘날 사람들은 눈에 보이는 권능의 역사가 아니면 도무지 믿으려 하지 않기 때문입니다. 이런 사람들에게 하나님의 뜻을 밝히 전하고 그들로 하여금 하나님의 뜻 가운데 구원에 이르도록 하기 위해서는 눈에 보여지는 확실한 증거를 나타내 주어야 합니다. 우리는 하나님의 사랑을 깨닫고, 하나님의 사람을 귀히 여기며, 그 말씀을 믿고 신뢰하여 구원에 이르러야 합니다.

### 3. 누구나 다 구원받는 것이 아닙니다.

성경에 기록된 하나님의 말씀은 일점일획도 틀림없이 반드시 그대로 이루어집니다. 그러나 불법을 행하는 자, 곧 죄를 가지고는 구원받지 못하며, 세상과 짝하며 세상을 사랑하는 사람에게는 하나님의 사랑이 그 안에 없다고 하셨습니다.

정녕 구원받은 하나님의 자녀라면 당연히 하나님의 뜻대로 행하는 믿음의 행위가 따라야 합니다. 즉 안식일을 지키고 하나님의 것을 구별하여 드릴뿐만 아니라, 항상 기뻐하며 쉬지 말고 기도하며 범사에 감사하며, 온전히 하나님의 말씀 안에 살아가야 합니다.

♥ 구원은 주님을 믿고, 하나님의 말씀을 받아 실천하는 데 있습니다. 하나님의 말씀을 받아 실천하지 않으면 어떻게 됩니까?(요 12:48)

_____
_____

_____

## 비교하기

《이들 부부와 나를 비교하여 본받을 점과 고칠 점을 기록해 봅시다》

## 실천하기

《오늘의 말씀을 생각하면서, 한 주간 동안 꼭 실천할 것을 기록해 봅시다》

## 점검하기

《한 주간 동안 나의 신앙생활을 점검해 봅시다》

|  |  |
|---|---|
| ① 하나님 앞에 온전한 예배를 드렸습니까? | 예, 아니오 |
| ② 날마다 기도를 열심히 했습니까? | 예, 아니오 |
| ③ 매일 성경을 읽었습니까? | 예, 아니오 |
| ④ 지난 주 실천사항을 실천했습니까? | 예, 아니오 |

## 기도하기

《구역식구들의 형편과 처지를 생각하며, 기도제목을 나누고 함께 기도합시다》

# 9월

## 선교의 선구자

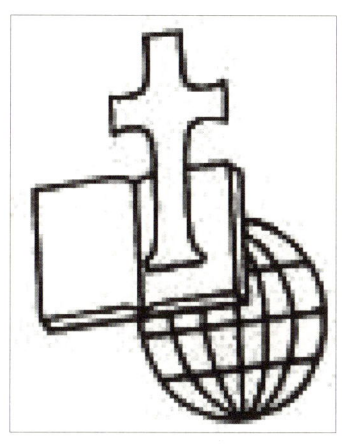

## 제36과
## 초대교회 순교자 스데반

성경본문 : 행 7:54-60
찬송 : 586, 493

"그들이 돌로 스데반을 치니 스데반이 부르짖어 이르되 주 예수여 내 영혼을 받으시옵소서 하고"(행 7:59)

### 인물탐구

그의 이름 스데반은 '면류관'이란 뜻입니다. 이방 태생의 헬라파 유대인이며, 평판 높은 상류 계층 출신의 사람입니다. 그는 초대교회의 최초의 일곱 집사 중의 한 사람이며, 최초의 순교자였습니다.

스데반은 순교자이기 이전에 교회내의 많은 일들을 돌보며, 과부와 고아를 불쌍히 여기는 집사이며, 열정적인 전도자였습니다. 평신도로서 자신의 일과 신앙생활에 최선을 다하던 스데반은 주위의 칭찬을 듣게 되고, 집사로 임명되어 지도자와 설교자의 임무까지 맡게 되었던 충성스러운 집사였습니다. 죽음의 순간에도 원수들을 위해 기도한 사랑이 충만한 사람이었습니다.

### 1. 성령이 충만한 스데반 집사

스데반의 삶은 은혜와 지혜와 권능이 넘치는 성령 충만한 삶이었습니다. 이와 같은 성령 충만한 삶이야말로 오늘날 우리 성도들이 추구해야 할 삶의 모본이 아닐 수 없습니다. 우리도 스데반과 같이 날마다 하나님의 말씀을 사모하며 항상 성령의 충만을 힘입고, 온전한 순종과 충성으로 말미암아 주의 은혜와 권능을 힘입는 풍성한 삶을 살도록 하여야 하겠습니다.

스데반 집사는 은혜와 권능이 충만하여 큰 기사와 표적을 민간에게 행하였습니다. 스데반 집사는 구제하는 일 뿐만 아니라, 복음을 증거하기 위해 놀라운 능력을 행하였습니다. 복음을 전파하기 위해 하나님께로부터 내려오는 권능을 받아야 합니다.

### 2. 최후의 승리자

♥ 예수님과 스데반 집사가 닮은 것이 무엇입니까?(눅 23:46과 행7:59-60 비교).

1) ─────────────────────────
2) ─────────────────────────
3) ─────────────────────────
4) ─────────────────────────

스데반은 마지막 순간까지 예수님을 본받기를 원하였다고 봅니다. 평안할 때에 예수님을 닮은 것처럼 보이기는 쉽습니다. 그러나 고난의 모습까지 예수님을 닮기는 어렵습니다. 어려운 일이 생기면 예수님을 버리고 도망가는 사람들이 생깁니다. 그러나 스데반은 자신의 목숨을 바쳐서 예수 그리스도를 증거하다가 마지막 순간을 맞이하였습니다. 이것은 무엇과도 비교할 수 없는 복된 신앙의 모습입니다. 죽음의 고통 앞에서도 예수님을 닮아 가는 신앙, 이것이 성장하는 신앙인입니다. 우리도 생의 마지막까지 예수 그리스도를 본받는 자가 되어야 합니다.

### 3. 복음 전파의 한 알의 밀알

하나님은 스데반 집사님의 순교를 통하여서 제자들을 흩어지게 하셨고, 그들은 곳곳으로 흩어져서 복음을 전하게 되었습니다. 다시 말해서 그의 죽음으로 교회가 힘을 잃은 것처럼 보였지만, 오히려 **"땅 끝까지 이르러 내 증인이 되리라"** 하신 말씀을 기억하게 되었고, 더욱 적극적으로 복음을 전파하게 되었습니다.

스데반의 순교로 말미암아 흩어진 이들이 안디옥 교회의 기초가 된 것입니다. 안디옥 교회는 스데반의 죽음으로 인해서 한 알의 밀 알이 땅에 떨어져 많은 열매를 맺는 것을 보여주고 있습니다.

♥ 행 11:19에 어떻게 기록되어 있습니까?
_____
_____

♥ 요 12:24을 읽어 봅시다.
_____
_____

또 하나 복음전도의 역사에 중요한 사건은, 그의 죽음이 청년 사울을 회개시키고 유럽을 전도하는 위대한 전도자를 만들었다는 사실입니다. 우리도 죽음의 순간까지 예수님을 닮아 가는 성도, 그리고 한 알의 밀알이 되어서 죽음으로 많은 열매 맺는 성도가 되어야 합니다.

## 비교하기

《스데반과 나를 비교하여 본받을 점과 고칠 점을 기록해 봅시다》

## 실천하기

《오늘의 말씀을 생각하면서, 한 주간 동안 꼭 실천할 것을 기록해 봅시다》

## 점검하기

《한 주간 동안 나의 신앙생활을 점검해 봅시다》

| | |
|---|---|
| ① 하나님 앞에 온전한 예배를 드렸습니까? | 예, 아니오 |
| ② 날마다 기도를 열심히 했습니까? | 예, 아니오 |
| ③ 매일 성경을 읽었습니까? | 예, 아니오 |
| ④ 지난 주 실천사항을 실천했습니까? | 예, 아니오 |

## 기도하기

《구역식구들의 형편과 처지를 생각하며, 기도제목을 나누고 함께 기도합시다》

## 제37과
## 이방인 선교의 선구자 빌립

성경본문 : 행 8:4-13

찬송 : 515, 520

"빌립이 하나님 나라와 및 예수 그리스도의 이름에 관하여 전도함을 그들이 믿고 남녀가 다 세례를 받으니 시몬도 믿고 세례를 받은 후에 전심으로 빌립을 따라 다니며 그 나타나는 표적과 큰 능력을 보고 놀라니라"

(행 8:12-13)

 **인물탐구**

빌립 집사는 헬라파 유대인으로서 초대 예루살렘 교회의 최초 일곱 집사 중 한 사람입니다. 사마리아 지역에 복음을 전한 최초의 인물이 되었으며, 에디오피아 여왕의 내시에게 복음을 전함으로써 북 아프리카 선교의 기초를 놓은 인물입니다.

그는 예루살렘 교회에 대한 큰 핍박 직후에도 굴하지 않고 복음을 전한 담대한 인물이었으며, 성령의 인도하심을 따른 순종의 인물입니다. 특히 다른 사람들보다 앞서서 이방인을 향해 복음을 전했던 선각자적 인물입니다.

### 1. 초대교회의 집사 빌립

빌립은 초대 예루살렘 교회의 성도들로부터 성령과 지혜가 충만하여 칭찬 듣는 자로서, 스데반과 더불어 예루살렘 교회가 선출한 일곱 집사 가운데 한 사람입니다. 이러한 사실은 그가 보여준 지혜와 용기, 그리고 남보다 앞선 깨달음의 원인이 무엇이었는지 잘 설명해 줍니다.

♥ 하나님의 일을 온전히 이루는데 반드시 필요한 것은 무엇입니까?(엡 5:18)

---

스데반의 순교를 계기로 예루살렘 교회 성도들 가운데 주로 헬라파에 속한 성도들이 흩어지기 시작하면서 복음이 예루살렘뿐만 아니라 유대, 사마리아, 먼 이방에까지 전파되기 시작하였습니다. 이것은 이미 예루살렘 교회가 설립되기 이전에 분명히 밝히신 예수님의 뜻이었습니다.

♥ 행 1:8을 암송해 보시오.

## 2. 마술사를 전도하다

빌립이 복음을 전할 당시 사마리아 성에는 마술사 시몬이란 자가 큰 권세를 휘두르고 있었습니다. 그가 행하는 마술의 위력에 눌리고 현혹당한 마을 사람들은 낮은 사람이나 높은 사람까지 그의 말에 순종하였습니다. 그리고 그가 행하는 마술을 하나님의 권능으로 오해했습니다.

♥ 마을 사람들은 그의 마술에 놀라 그를 어떤 사람이라고 불렀습니까?(9절)

---

그러나 빌립은 시몬이 행하는 마술의 힘을 두려워하지 않고 담대하게 하나님 나라와 그리스도의 이름을 전하며, 마술을 훨씬 능가하는 표적과 기사를 나타내 보임으로써 그를 굴복시킬 수 있었습니다. 이와 같이 영적 전쟁에 임한 성도에게 있어서 가장 강력한 무기는 있는 그대로의 복음과 성령의 능력에 대한 철저한 의지입니다.

♥ 빌립이 마술사에게 행한 표적은 무엇입니까?(행 8:7)

### 3. 에디오피아 여왕의 내시를 개종시킴

빌립은 주의 사자의 명령을 따라서 남쪽으로 향하여 예루살렘에서 가사로 내려가는 광야의 길로 가다가 에디오피아 여왕 간디게의 내시를 만나게 되었습니다. 이 내시는 유대교 신자였는데, 예루살렘에 예배하러 왔다가 돌아가는 길에 이사야의 글을 읽는 것을 보고, 빌립은 그 글이 예수 그리스도께서 인간들의 죄 때문에 십자가에 못박혀 죽으셔야 했다는 사실을 깨우쳐 주었습니다.

하나님의 지혜와 능력을 받은 빌립은 민족적 감정을 뛰어넘어 사마리아인들은 물론 에디오피아의 내시를 변화시켜 주님의 나라를 확장시키는 전도자의 삶을 살았습니다.

♥ 빌립이 에디오피아 여왕의 내시에게 성경을 가르쳐 준 사건은, 오늘날 어떤 일과도 같은 일입니까?

## 비교하기

《빌립과 나를 비교하여 본받을 점과 고칠 점을 기록해 봅시다》

## 실천하기

《오늘의 말씀을 생각하면서, 한 주간 동안 꼭 실천할 것을 기록해 봅시다》

## 점검하기

《한 주간 동안 나의 신앙생활을 점검해 봅시다》

| | |
|---|---|
| ① 하나님 앞에 온전한 예배를 드렸습니까? | 예, 아니오 |
| ② 날마다 기도를 열심히 했습니까? | 예, 아니오 |
| ③ 매일 성경을 읽었습니까? | 예, 아니오 |
| ④ 지난 주 실천사항을 실천했습니까? | 예, 아니오 |

## 기도하기

《구역식구들의 형편과 처지를 생각하며, 기도제목을 나누고 함께 기도합시다》

## 제38과
## 다시 살아난 여제자 도르가

성경본문 : 행 9:36-42
찬송 : 472, 498

"베드로가 사람을 다 내어보내고 무릎을 꿇고 기도하고 돌이켜 시체를 향하여 이르되 다비다야 일어나라 하니 그가 눈을 떠 베드로를 보고 일어나 앉는지라 "(행 9:40)

 **인물탐구**

　　도르가는 '사슴, 영양(羚羊)'이라는 뜻의 헬라어 이름이고, 아랍어 이름은 다비다입니다. 항구도시 욥바에서 태어났으며, 과부로 추정되며, 신실한 여성도로서 죽었다가 다시 살아난 사람입니다(행 9:41).

　초대교회가 예루살렘에서 사마리아와 유대 전역으로 확장되던 때, 도르가는 빌립 집사의 복음 전파로 세워진 욥바 교회의 성도로서 사도들의 복음 전파 사역을 돕는 일과 가난한 자들을 구제하는 일에 전력하였습니다. 재봉으로 손수 옷을 만들어 과부와 가난한 자들에게 나눠주며, 풍족한 생활은 아니었으나 어려운 이웃을 돌아보는 실천적 사랑을 소유한 자였습니다(행 9:39).

### 1. 구제와 사랑이 넘치는 삶

　욥바에 도르가라는 신실한 여제자가 있었는데, 그녀는 자신을 돌아보지 아니하고 헌신적으로 어려운 이웃을 돌보며 사랑을 나누는 아름다운 삶을 살았습니다. 그녀를 여제자라고 하는 것은, 아마 믿음으로 보나 전도하면서 교회를 섬기는 것으로 보아 사도들의 제자가 아닌가 생각합니다.

도르가가 하나님께 헌신하였던 방법은 뛰어나고 값진 물건이나 권력을 통해서가 아니라, 하나님께서 주신 뛰어난 재봉기술을 통해서였습니다. 우리들도 하나님이 우리에게 주신 재능을 가지고 이웃에게 봉사할 수 있는 삶을 살아야 하겠습니다.

♥ 도르가의 직업은 무엇이며, 나도 내가 가진 기술을 가지고 봉사할 수 있는 일은 무엇입니까?(행 9:39)

---

---

## 2. 신앙과 행위가 일치한 삶

우리는 하나님을 믿고 예수님을 믿는다고 하지만, 하나님의 말씀을 믿음으로 실천하는 것은 매우 소극적이라고 할 수 있습니다. 하나님의 말씀을 아는 것과 아는 대로 행하는 것이 일치하는 것을 '신행일치(信行一致)'라고 합니다.

도르가의 삶은 믿음과 행함의 일치를 보여 주는 아름다운 모습입니다. 재봉 일을 하여서 하루하루 먹고사는 형편에 사랑과 구제에 최선을 다하는 참된 믿음에는 반드시 그에 합당한 열매가 수반되기 마련입니다. 그러면 오늘 우리는 이러한 신행일치의 삶이 어느 정도로 나타나고 있는가 한 번 생각해 보아야 하겠습니다.

♥ 다음 성경구절을 찾아 읽고 기록해 봅시다.

① 약 4:17

---

---

② 약 2:26
___
___

### 3. 다시 살아난 도르가

도르가는 이웃 사랑과 구제에 최선을 다하다가 아마 과로로 병을 얻었을 가능성도 있습니다. 어떻든, 베드로가 룻다에 있을 때 도르가가 병이 들어 죽게 되었습니다. 다른 동료제자(과부)들이 베드로를 청하여 살려달라고 하였습니다.

도르가의 생전 선행이 그의 죽음을 안타깝게 하였으며, 그가 다시 살아남으로 말미암아 욥바의 많은 사람들이 주님을 믿게 되는 역사가 일어났습니다. 도르가와 같이 뜨거운 사랑의 교제와 헌신의 모습은, 교회의 외적 성장에만 치우쳐 점차 성도간의 교제가 의례적으로 이이루지는 경향에 처한 우리 교회들에게 큰 교훈을 주고 있습니다.

♥ 벧전 4:8-11을 읽고, 우리가 실천할 일들을 기록해 봅시다.
___
___
___
___
___

## 비교하기

《도르가와 나를 비교하여 본받을 점과 고칠 점을 기록해 봅시다》

## 실천하기

《오늘의 말씀을 생각하면서, 한 주간 동안 꼭 실천할 것을 기록해 봅시다》

## 점검하기

《한 주간 동안 나의 신앙생활을 점검해 봅시다》

| | |
|---|---|
| ① 하나님 앞에 온전한 예배를 드렸습니까? | 예, 아니오 |
| ② 날마다 기도를 열심히 했습니까? | 예, 아니오 |
| ③ 매일 성경을 읽었습니까? | 예, 아니오 |
| ④ 지난 주 실천사항을 실천했습니까? | 예, 아니오 |

## 기도하기

《구역식구들의 형편과 처지를 생각하며, 기도제목을 나누고 함께 기도합시다》

# 제39과
# 하나님께 인정받은 고넬료

성경본문 : 행 10:1-8
찬송 : 134, 490

"그가 경건하여 온 집안과 더불어 하나님을 경외하며 백성을 많이 구제하고 하나님께 항상 기도하더니"(행 10:2)

### 인물탐구

고넬료라는 이름은 '뿔, 창, 능력'이라는 뜻입니다. 그는 가이사랴에 주둔했던 로마 군대의 백부장이며, 로마 혈통의 이탈리아인이었습니다.

그는 로마 장교임에도 불구하고 유대인과 화목하게 지낸 것으로 보아 의롭고 진실한 자이며, 이방인이면서도 온 가족과 함께 하나님을 경외하고 기도에 힘쓴 경건한 믿음을 소유한 자입니다. 또한 베드로를 초청하였을 때, 베드로의 발 앞에 엎드려 절할 만큼 겸손한 자이기도 합니다.

## 1. 경건한 가정생활

고넬료는 가이샤라 지방을 지배하는 로마의 군인장교였습니다. 백부장이라고 하면 지금의 우리 군대의 중대장과 같습니다. 그런데 그의 믿음 생활이 얼마나 아름다웠던지, 성경은 말하기를 하나님이 고넬료를 기억했다고 했습니다.

♥ 하나님이 고넬료를 기억하신 이유는 무엇일까요?(행 10:2)

_____
_____

고넬료는 백부장이자 이방인이면서도 온 집으로 더불어 하나님을 경외했으며, 구제와 기도의 생활을 잘 했기 때문입니다. 가정은 하나님이 만드신 곳입니다. 가정은 신앙생활의 출발점이요, 구원의 반석이 됩니다. 서로 모르던 사람이 만나서 부부가 되고, 하나님이 자녀들을 주셔서 한 가족을 이루고, 모두가 하나님의 자녀가 되는 것이 하나님의 뜻입니다.

그러므로 우리들의 첫 번째 임무는 온 식구들을 복음화 하는 일이라고 할 수 있습니다.

### 2. 예배생활의 성공

환상을 통해 하나님의 사자의 지시를 받은 고넬료는 곧 사람을 불러 욥바에 있는 베드로를 청하였습니다. 그리고 그는 일가와 가까운 친구들을 다 모아 놓고 예배드리기 위해 기다리고 있었습니다. 베드로가 집안으로 들어올 때 고넬료는 그의 발 앞에 엎드려 절하며 겸손하게 맞이했습니다.

♥ 고넬료가 환상을 보았을 때, 욥바에 있던 베드로는 어떤 환상을 보았습니까? (행 10:9-16)

_____
_____

하나님의 명령에 즉시 순종하는 고넬료의 모습을 보면서, 우리도 하나님의 뜻을 분명히 알면서도 실천하기를 머뭇거리는 자세를 고쳐야 할 것입니다. 뿐만 아니라, 말씀 앞에 겸손히 엎드리는 모습을 우리들은 배워야 하겠습니다.

### 3. 기도의 사람

고넬료는 늘 기도하는 시간을 정하고 기도했습니다. 그가 기도하는 시간은 9시였습니다. 우리나라 시간으로 말하면 오후 3시가 됩니다. 한참 피곤할 때, 더운 지방 사람들은 점심을 먹으면 낮잠을 잡니다. 그런데 고넬료는 그 시간에 기도했습니다.

고넬료의 기도와 구제가 하나님께 상달되었고, 그는 기도 중에 환상을 보았고 계시를 받을 수 있었습니다. 이렇듯 믿는 자에게 있어서 기도는 하나님과 만나는 교제의 시간인 동시에 문제 해결의 열쇠가 됩니다. 진정 우리도 기도를 통해 신앙생활의 활력을 이뤄야 하겠습니다. 우리들도 고넬료와 같이 성공적인 신앙생활로 하나님이 기억하시는 성도가 되어야 하겠습니다.

♥ 고넬료는 기도 시간을 정하여 놓고 기도했는데, 기도시간에 그에게 어떤 일이 벌어졌습니까?

---
---

♥ 기도는 어떤 경우에 이루어집니까?(요 15:7)

---
---

## 비교하기

《마리아와 나를 비교하여 본받을 점과 고칠 점을 기록해 봅시다》

## 실천하기

《오늘의 말씀을 생각하면서, 한 주간 동안 꼭 실천할 것을 기록해 봅시다》

## 점검하기

《한 주간 동안 나의 신앙생활을 점검해 봅시다》

| | |
|---|---|
| ① 하나님 앞에 온전한 예배를 드렸습니까? | 예, 아니오 |
| ② 날마다 기도를 열심히 했습니까? | 예, 아니오 |
| ③ 매일 성경을 읽었습니까? | 예, 아니오 |
| ④ 지난 주 실천사항을 실천했습니까? | 예, 아니오 |

## 기도하기

《구역식구들의 형편과 처지를 생각하며, 기도제목을 나누고 함께 기도합시다》

# 10월

## 충실한 조력자

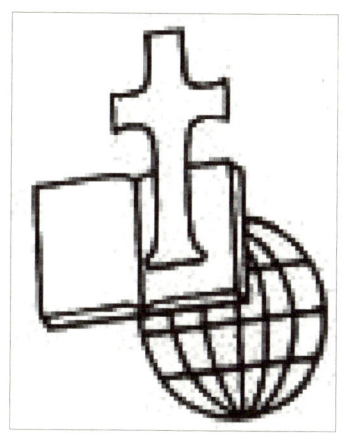

# 제40과
# 위안과 격려의 사도 바나바

성경본문 : 행 11:19-26
찬송 : 600, 207

"바나바는 착한 사람이요 성령과 믿음이 충만한 사람이라
이에 큰 무리가 주께 더하여지더라" (행 11:24)

 **인물탐구**

그의 히브리식 본명은 요셉이며 그 의미는 '더함'입니다. 사도들에 의해 '권위자, 위로의 아들'이라는 뜻의 바나바란 이름이 붙혀졌습니다. 그는 구브로 섬의 지주 출신의 레위인이며, 생질로는 마가가 있으며, 사도 바울의 초기 동역자였습니다.

그는 자신의 소유를 팔아 헌금하였으며, 난처한 바울의 입장을 변호하며 어려운 이웃의 편에 설 줄 아는 친절하고 인정 많은 자였습니다. 또한 마가의 실수를 용서하고 자신의 선교에 동참시키는 관대하고 남을 격려할 줄 아는 따뜻한 마음의 소유자였습니다. 환경과 여건을 초월하여 이방인에게까지도 복음을 전하는 뜨거운 열심을 품은 자이기도 합니다.

## 1. 위로의 사람

사도들이 지어준 '바나바'라는 이름에서 그는 사람들을 위로하고 칭찬하는 특징을 갖고 있는 사람인 것을 알 수 있습니다. 당시의 상황은 정치적으로는 나라가 없는 로마의 통치 아래에서 사회적으로, 경제적으로 어려운 상태였고, 더욱이 모세의 율법과 유전의 계율로 짓눌린 예루살렘

의 유대 사회에서 예수를 믿는다는 것은 핍박과 위협을 감수해야 했습니다. 이러한 특수한 초대 교회의 상황 아래 바나바의 눈과 마음은 주님을 믿는 사람들을 위로하고 칭찬하는 것이었습니다.

요즈음 교회에서 '바나바 사역'이라는 명칭으로 새신자를 교회에 정착시키는 프로그램이 있습니다. 새신자가 교회에 적응할 수 있도록 사랑으로 다독거리며 권면하여 공동체간의 신뢰를 도모하는 평화적 중재자가 필요한 이때에 바나바와 같은 성도를 교회는 원하고 있습니다.

♥ 성경은 바나바를 어떤 사람으로 표현하고 있습니까?(행 11:24)

## 2. 더불어 일하는 사람

바나바는 하나님의 일을 할 때 자기 혼자 하지 않고, 자기 명예보다는 하나님의 영광을 생각하며 언제나 함께 나누어 일하는 사람이었습니다. 안디옥에서 일어나는 커다란 구원의 역사를 보면서 바나바는 바울을 생각하고, 바울을 찾아가서 데려와 함께 하나님의 일을 하였습니다. 후에 바울이 다른 사람과 동역하는 일은 바나바를 통해 배운 결과입니다.

다른 사람과 더불어 일하는 사람은 다른 사람을 배려하는 마음이 있으며, 때를 분별하는 지혜를 얻게 되며, 자기를 희생할 수 있는 사람이 됩니다. 그리고 동역하는 사람은 자기의 입장에서 상대방이나 문제를 보는 것이 아니라, 상대방의 입장에서 문제를 보기 때문에 상대방을 이해하고 용납하게 됩니다.

♥ 빌 2:1-5를 읽고, 다른 사람을 어떻게 생각해야 하는지 말해 봅시다.

### 3. 헌신의 사람

바나바는 자신의 소유와 달란트 그리고 자신의 생애 전부를 하나님께 드려 주의 일에 헌신하였습니다. 바나바가 자기의 밭을 판 값을 가지고 사도들의 발 앞에 헌신하는 것이 기록되어 있습니다(행 4:37).

결단하는 사람이 헌신할 수 있습니다. 아나니아와 삽비라는 온전히 결단하지 못하여서 주께 심판을 받았습니다. 그러나 바나바는 안디옥에 갈 때 주님께 몸과 삶 전체를 드리는 결단을 보였고, 선교 사역에 순종할 때도 몸과 삶과 생명까지 바치는 결단을 보였습니다. 이같이 자신의 귀한 것을 모두 드리는 전적인 헌신과 결단을 하나님은 기뻐하시는 것입니다.

♥ 아직도 내가 결단하지 못해서 하나님께 온전히 드리지 못하는 부분은 무엇입니까?

_____

_____

## 비교하기

《바나바와 나를 비교하여 본받을 점과 고칠 점을 기록해 봅시다》

## 실천하기

《오늘의 말씀을 생각하면서, 한 주간 동안 꼭 실천할 것을 기록해 봅시다》

## 점검하기

《한 주간 동안 나의 신앙생활을 점검해 봅시다》

| | |
|---|---|
| ① 하나님 앞에 온전한 예배를 드렸습니까? | 예, 아니오 |
| ② 날마다 기도를 열심히 했습니까? | 예, 아니오 |
| ③ 매일 성경을 읽었습니까? | 예, 아니오 |
| ④ 지난 주 실천사항을 실천했습니까? | 예, 아니오 |

## 기도하기

《구역식구들의 형편과 처지를 생각하며, 기도제목을 나누고 함께 기도합시다》

# 제41과
# 최초의 순교자 야고보

성경본문 : 행 12:1-3
찬송 : 86, 400

"그 때에 헤롯 왕이 손을 들어 교회 중에서 몇 사람을 해하려 하여 요한의 형제 야고보를 칼로 죽이니"(행 12:1-2)

 **인물탐구**

야고보란 이름은 '발꿈치를 잡다'라는 뜻의 히브리어 '야곱'의 헬라어 표기입니다. 그는 세베대와 살로메 사이에서 태어났으며, 사도 요한의 형제입니다. 갈릴리의 어부 출신으로 열 두 사도 중 한 사람이며, 예수님으로부터 '보아너게'(우뢰의 아들)라는 별명 얻었습니다(참고: 마 4:21, 10:2, 17:1, 막 10:41, 행 1:13, 12:2).

그는 예수님의 부르심에 그 아비 세베대와 삯꾼들을 버려가면서까지 즉각적으로 응한 것으로 보아 결단력이 강했으며, 열 두 제자 중 베드로, 요한과 함께 예수님의 특별한 사랑을 받았습니다. 그는 그의 별명과 같이 성격이 급하고 불같았으며, 헤롯 아그립바에 의해 순교 당하기까지 믿음을 버리지 않은 굳건한 신앙의 소유자였습니다.

## 1. 세상의 길

야고보와 요한도 주님의 십자가의 죽음은 전혀 생각하지도 못한 채, 그저 메시아 왕국의 선포 과정에서 어떤 일시적 어려움이 있을 것으로 보고, 그런 정도의 고난에는 능히 동참할 수 있다고 생각했습니다. 그리고 예수님의 모친 마리아와 친분이 깊은 그의 어머니 살로메는 예수님께서 곧 정치적으로 유대나라의 독립을 이루어 새로운 메시아 왕국을 이룩하게 될 것이라는 기대에서 자기 아들들의 장래를 부탁하게 된 것입니다.

이와 같이 오늘날 우리도 주로 말미암아 세상적 이익과 영광을 얻어 보려는 잘못을 범합니다. 주님의 생애는 자신의 영광이 아닌, 남을 위하고 섬기며 고난 받는 삶이었습니다. 주께서 가신 길을 뒤따르는 우리도 영광만이 아닌 고난과 섬김의 삶을 살아야 하겠습니다.

♥ 롬 8:17을 읽고 기록하여 봅시다.

---
---

### 2. 제자의 길

'우뢰의 아들'이라 칭함 받을 만큼 야고보는 성급하고 폭발적인 성격의 사람이었습니다. 또한 그는 어떤 특별한 재질은 없었지만, 예수님이 계신 곳이면 언제나 베드로와 요한과 함께 그 자리에 있었던 인물입니다. 예수님은 사람의 눈에는 잘 나타나지 않았지만 주님의 관점에서 야고보의 지도자적 기질을 보셔서 훈련을 시키셨으며, 또 실제로 지도자가 되게 하셨습니다. 그는 주님을 향해서 야망을 가졌기 때문에 주님의 사랑을 받아 제자가 된 것입니다.

그는 예수님의 제자가 되어 예수님과 동행하면서 주님의 온유한 성품을 닮게 되었고, 의를 위해서 기꺼이 순교할 수 있는 자로 변화되었습니다. 우리도 예수님을 영접함으로서 우리의 옛 성품을 버리고 그리스도의 성품으로 변화해 나가야겠습니다.

♥ 우리가 버려야 할 것과, 새 사람이 되어야 할 요소는 무엇입니까?(엡 4:22-24)

___

___

## 3. 순교자의 길

예수님께서 가롯 유다의 배반으로 인해 붙잡히실 때 야고보도 다른 제자들과 마찬가지로 도망치는 연약한 모습을 보였습니다(막 14:50). 그러나 그가 부활하신 주님을 만나고(요 21:1,2), 마가 다락방에서 성령을 체험한 후에는(행 1:13, 14) 담대히 복음을 전파하다가 열 두 제자 중 최초로 헤롯왕에 의하여 순교하였습니다(행 12:1, 2). 야고보가 당한 순교의 은혜는 그가 가졌던 본래의 세상적 욕망들을 버리고 하늘나라의 소망만을 바라볼 때 가능한 것이었습니다.

성도의 참 용기와 능력의 근원은 그리스도의 부활이며, 매일의 삶을 인도하시는 성령의 역사입니다. 우리는 이 그리스도의 부활을 기억하며 성령의 인도하심을 따라 승리하는 신앙인이 되어야겠습니다.

♥ 벧전 1:3을 기록하고 묵상해 봅시다.

___

___

### 비교하기

《야고보와 나를 비교하여 본받을 점과 고칠 점을 기록해 봅시다》

```
┌─────────────────────────────────────────────┐
│                                             │
│                                             │
│                                             │
│                                             │
└─────────────────────────────────────────────┘
```

### 실천하기

《오늘의 말씀을 생각하면서, 한 주간 동안 꼭 실천할 것을 기록해 봅시다》

---

### 점검하기

《한 주간 동안 나의 신앙생활을 점검해 봅시다》

| | |
|---|---|
| ① 하나님 앞에 온전한 예배를 드렸습니까? | 예, 아니오 |
| ② 날마다 기도를 열심히 했습니까? | 예, 아니오 |
| ③ 매일 성경을 읽었습니까? | 예, 아니오 |
| ④ 지난 주 실천사항을 실천했습니까? | 예, 아니오 |

### 기도하기

《구역식구들의 형편과 처지를 생각하며, 기도제목을 나누고 함께 기도합시다》

```
┌─────────────────────────────────────────────┐
│                                             │
│                                             │
│                                             │
│                                             │
└─────────────────────────────────────────────┘
```

## 제42과
## 경건한 젊은 목회자 디모데

성경본문 : 행 16:1-5, 딤후 4:9-12
찬송 : 511, 435

"믿음 안에서 참 아들 된 디모데에게 편지하노니 하나님 아버지와 그리스도 예수 우리 주께로부터 은혜와 긍휼과 평강이 네게 있을지어다."(딤전 1:2)

 **인물탐구**

디모데는 '하나님께 사랑 받는 자'라는 뜻입니다. 모친은 유대인 유니게이며, 부친은 헬라인, 그리고 외조모는 로이스입니다. 그는 루스드라 출신으로서, 바울의 제자이자 동역자이며, 어려서부터 외조모와 모친으로부터 신앙교육을 받음으로, 후에 에베소 교회의 목회자가 되었습니다.

그는 고향 루스드라에서 좋은 평을 듣고, 유순하고 인정 많은 자이며, 바울로부터 '내 사랑하고 신실한 아들', '믿음 안에서 참 아들'이라고 칭찬 받기까지 책임감 있고 신실한 믿음을 소유한 자라고 볼 수 있습니다.

### 1. 가정교육을 잘 받은 디모데

디모데의 경건한 신앙은 어려서부터 외조모와 모친의 철저한 신앙 교육에서 비롯된 것입니다(딤후 1:5). 이는 어린 시절의 신앙 교육이 자녀에게 얼마나 중요한 것인지를 잘 보여 주며, 세속 학문을 익히기 위한 학교 교육에 치중하여 신앙 교육을 소홀히 하는 오늘날의 기독교인 가정에 훌륭한 모범이 됩니다.

　어린 시절부터 가정에서 성경공부를 함으로써 기반이 다져진 디모데의 믿음은 바울의 가르침을 받는 가운데 점차 성숙되어 갔습니다.

　믿음 안에서 참 아들이 된 디모데는 바울의 2차 전도여행에 동행하였습니다. 유대인들의 반발을 막기 위해 장로회에서 안수까지 받았으나, 여전히 바울의 동역자로서는 부족함이 있을 수밖에 없는 인간이었습니다.

♥ 오늘 말씀에서 바울은 디모데를 어떻게 불렀습니까?

-------------------------------------------------------------

-------------------------------------------------------------

## 2. 성령의 도우심을 받는 디모데

　부끄러움을 잘 타는 소심하고 내성적인 성격인데다 병약하기까지 한 디모데(딤전 5:23)는 거친 광야와도 같은 세상에서 하나님의 교회를 인도해 나가는데 너무도 힘이 들었습니다. 그러나 디모데가 자신의 내성적 성격과 병약한 육체에도 불구하고 복음 사역을 충실히 감당할 수 있었던 것은 성령의 도우심과 동역자들의 끊임없는 관심과 애정, 그리고 기도 때문이었습니다.

　또한 고독한 사도의 길을 가는 바울에게 디모데는 마음에 큰 위로를 주는 동반자가 되어 주었습니다. 사고력과 인내력이 뛰어난 반면 우유부단한 디모데에게 바울의 추진력과 결단력이 잘 조화된 두 사람의 아름다운 인간관계는 곧바로 하나님 나라의 확장과 연결이 되었습니다.

　여기서 우리는 하나님께서는 원하시면 인간의 연약함을 들어 오히려 자신의 능력과 영광을 나타내신다는 사실과, 복음 사역을 성공적으로 수행하기 위해서는 서로 기도해 주며 관심과 애정을 쏟을 수 있는 동역자가 반드시 필요하다는 사실을 깨달을 수 있습니다.

♥ 바울이 디모데를 동역자로 삼은 것은 어떤 이유 때문이었습니까?(고전 4:17)
_____
_____

### 3. 동역자로서의 디모데

　격려 편지를 보내는 등 디모데의 목회를 위해 힘써 협력하였습니다. 이는 복음을 전파하는데 있어 자신만을 돌보기에 급급해 할 것이 아니라, 바울이 디모데를 양육한 것처럼 후세대를 힘써 양육하고 애정으로 협력해 주는 일이 얼마나 중요하고 효과적인 것인지를 잘 보여 줍니다.

♥ 바울이 디모데를 속히 자기에게로 오라고 하는 이유는 무엇일까요?(딤후 4:9)
_____
_____

　디모데는 바울과 세대가 다르고 성격과 인품도 달랐으나 성령으로 하나가 되자 더할 나위 없는 동역자가 되었습니다. 그는 주님의 일꾼으로서의 우리들이 갖추어야 할 인품과 아름다운 인간관계를 형성하여야 할 것을 잘 보여주고 있습니다.

## 비교하기

《디모데와 나를 비교하여 본받을 점과 고칠 점을 기록해 봅시다》

## 실천하기

《오늘의 말씀을 생각하면서, 한 주간 동안 꼭 실천할 것을 기록해 봅시다》

## 점검하기

《한 주간 동안 나의 신앙생활을 점검해 봅시다》

| | |
|---|---|
| ① 하나님 앞에 온전한 예배를 드렸습니까? | 예, 아니오 |
| ② 날마다 기도를 열심히 했습니까? | 예, 아니오 |
| ③ 매일 성경을 읽었습니까? | 예, 아니오 |
| ④ 지난 주 실천사항을 실천했습니까? | 예, 아니오 |

## 기도하기

《구역식구들의 형편과 처지를 생각하며, 기도제목을 나누고 함께 기도합시다》

# 제43과
# 복음 전파의 충실한 조력자 실라

성경본문 : 행 16:1-34
찬송 : 511, 435

"한밤중에 바울과 실라가 기도하고 하나님을 찬송하매
죄수들이 듣더라"(행 16:25)

### 인물탐구

실라는 '생각'이라는 뜻으로, 로마식 이름은 '실루아노'입니다(살후 1:1; 벧전 5:12). 그는 로마의 시민권을 소유하였으며, 예루살렘교회의 지도자 중 한 사람입니다.

그는 이방인의 구원 문제와 같은 중요한 사안을 전달하기 위해 예루살렘교회의 사절단으로 뽑힌 것으로 보아 책임감과 신뢰감이 있고 지도자적 자질이 뛰어난 자입니다. 사역기간 동안 묵묵히 봉사하였으며, 안디옥 교회의 교인들을 권면하고, 위로하며, 복음을 전파하며, 말씀의 능력과 화해를 도모하는데 힘을 기울이며, 동료들 간에도 좋은 관계를 유지한 원만한 성격을 소유한 자입니다.

### 1. 봉사자로서의 실라

실라는 바울과 비교할 때 그리 비중 있는 인물은 아닙니다. 그러나 그의 헌신과 열심이 없었다면 바울의 사역은 결코 성공할 수 없었을 것입니다. 그는 바울의 제2차 전도여행에 바나바를 대신하여 동행하였으며, 바울과 함께 빌립보 감옥에 갇히기도 하였으며, 데살로니가에서는 유대인의 핍박으로 베뢰아로 도망치기도 하며 많은 어려움을 겪었습니다.

오늘 우리 교회에서 부교역자에 대한 여론이 분분한데, 어떻게 보면 실라는 부교역자로서의 사명을 충실히 감당한 모델이기도 합니다. 남보다 앞장서서 일하는 것도 중요하지만, 사역의 이면에서 동료 사역자를 묵묵히 돕는 일 또한 중요한 것입니다. 실로 동역자들 간의 이러한 겸손과 협동이야말로 복음 전파를 승리로 이끄는 원동력이라 할 수 있습니다.

♥ 벧전 5:6에서, 우리들에게 권면하는 바는 무엇입니까?

_____
_____

## 2. 양육자로서의 삶

요즈음 교회마다 전도 양육에 대한 관심을 가지고 세미나를 개최하며, 새신자 양육과 결실을 기대하고 있습니다. 실라는 바울과 함께 전도의 사명을 감당하기도 하였지만, 한편으로는 개종한 자들의 연약한 믿음이 잘 자랄 수 있도록 양육하는 데도 소홀히 하지 않았습니다. 이와 같이 성도는 전도에서만 그칠 것이 아니라 복음을 받아들인 자들이 성숙한 신앙인이 될 때까지 잘 보살피고 양육하는 역할도 감당해야 합니다. 우리 성도들은 내가 전도한 영혼이 굳건한 신앙을 소유할 때까지 어머니와 같은 심정으로 그들의 성장을 도울 수 있어야 하겠습니다.

♥ 실라는 베뢰아에서 어떤 일을 하였습니까?(행 17:10-11참고)

_____
_____
_____

### 3. 감옥에서의 찬송

빌립보에서 점치는 귀신들린 여종을 바울과 실라가 고쳐줌으로 말미암아, 그 여종이 점을 치지 못함으로 그 주인이 돈을 벌 수 없게 되자 관원들에게 고발을 하였습니다. 결국 바울과 실라는 붙잡혀서 발은 착고에 채워지고 감옥에 갇히게 되었습니다. 그들은 이러한 암담한 상황 속에서 좌절과 분노가 아닌 용기와 기쁨으로써 기도하고 하나님을 찬미하였습니다.

그들의 기도와 찬송을 통해 극한 환경이 변화되었고, 이에 감명 받은 간수와 그 가족들이 모두 구원을 받는 놀라운 역사가 이루어졌습니다. 어떠한 상황에서도 성도의 찬송과 기도가 끊어지지만 않는다면, 이를 통한 하나님의 놀라운 역사가 분명 있을 것입니다. 우리들도 어떤 어려움이나 환난을 당해도 기도와 찬송을 쉬지 말아야 할 것입니다.

♥ 엡 3:13을 읽고 기록해 봅시다.

---
---

## 비교하기

《실라와 나를 비교하여 본받을 점과 고칠 점을 기록해 봅시다》

## 실천하기

《오늘의 말씀을 생각하면서, 한 주간 동안 꼭 실천할 것을 기록해 봅시다》

## 점검하기

《한 주간 동안 나의 신앙생활을 점검해 봅시다》

| | |
|---|---|
| ① 하나님 앞에 온전한 예배를 드렸습니까? | 예, 아니오 |
| ② 날마다 기도를 열심히 했습니까? | 예, 아니오 |
| ③ 매일 성경을 읽었습니까? | 예, 아니오 |
| ④ 지난 주 실천사항을 실천했습니까? | 예, 아니오 |

## 기도하기

《구역식구들의 형편과 처지를 생각하며, 기도제목을 나누고 함께 기도합시다》

# 제44과
# 마게도냐 최초의 개종자 루디아

성경본문 : 행 16:11-15
찬송 : 212, 325

"두아디라 시에 있는 자색 옷감 장사로서 하나님을 섬기는 루디아라 하는 한 여자가 말을 듣고 있을 때 주께서 그 마음을 열어 바울의 말을 따르게 하신지라"(행 16:14)

 **인물탐구**

루디아는 '생산'이라는 뜻으로, 그녀의 고향이 루디아였기 때문에 루디아 출신의 여인임을 나타낸 말로 보입니다. 그녀의 본명은 '유오디아' 혹은 '순두게'로 추측됩니다(빌 4:2). 두아디라 성 출신의 자주 장사(행 16:14)이며, 바울의 제2차 전도여행 때 기독교로 개종하였습니다.

그녀는 사도들의 말을 청종하고, 마게도냐인 중 최초로 회심한 종교심이 강한 여인이며, 회심 후 자신 뿐 아니라 가족들까지 세례를 받게 하였으며, 자신의 집을 제공하여 사도들을 유하게 하고, 바울을 도와 빌립보 교회를 세운 헌신적인 믿음의 소유자입니다.

### 1. 하나님을 공경한 루디아

루디아는 자주장사 곧 옷감 장사를 하는 여인이었기 때문에 얼마나 생활이 바빴는가를 짐작할 수 있습니다. 루디아는 장사를 통해 많은 이익을 남기는 것보다 하나님께 예배드리는 것을 가장 소중하게 여기는 여인이었습니다. 인생에 있어 예배만큼 중요한 일은 없습니다.

성도들의 신앙수준을 확인할 때의 척도는 예배입니다. 하나님을 사모하는 열정이 곧 예배로 나타나기 때문입니다. 하나님을 사랑하고 사모하는 신앙의 열정이 있으면 하나님을 예배하는 생활을 할 수 있습니다. 주일저녁, 수요일, 구역예배는 물론이고 주일 낮 예배도 지키기가 어렵습니다. 그런데 루디아는 열심을 다해 하나님을 섬겼으니 얼마나 참된 신앙의 소유자입니까?

우리들도 하나님께 예배드리는 기쁨을 지상 최고의 기쁨으로 여기며, 예배 때마다 가슴 벅찬 영적 환희와 기쁨과 은혜를 누리기를 원합니다.

♥ 주님은 예배를 어떻게 드리라고 말씀하셨습니까?(요 4:24)

---

## 2. 말씀을 청종하는 루디아

루디아는 자주장사로서 포목점을 차리고 가게로 오는 손님만 받는 것이 아니라, 분주히 돌아다니며 물건을 팔았을 것입니다. 그러다 보니 얼마나 몸이 피곤하였겠습니까? 그런데도 루디아는 습관적으로 예배에 열심히 참석하는 정도의 신앙인이 아니라, 베뢰아 사람들처럼 간절한 마음으로 말씀을 받고 상고하는(행 17:11) 사람이었습니다. 루디아는 바울 사도가 전하는 복음의 말씀을 조금도 거절하거나 의심하지 않고 믿음으로 순종하며 말씀대로 사는 여인이었습니다.

♥ 루디아에게 말씀을 듣도록 하신 분은 누구입니까?(14절)

---

이처럼 루디아는 많은 사람들로부터 아름다운 심령을 소유한 믿음의 여인으로 인정을 받았습니다. 우리들도 주위 사람들에게 정말 진실한 그리

스도인라는 소리를 들을 수 있도록, 기도와 말씀, 순종과 섬김으로 다듬어 가기를 원합니다.

### 3. 온 가족이 구원받은 루디아

바울이 빌립보지역에 처음 선교할 때, 복음을 전한다는 것은 참으로 어려운 일이었습니다. 루디아 자신이 예수 믿는다는 일도 기적이지만, 그에게 속한 모든 가족이 세례를 받고 구원을 받은 것은 더 놀랄만한 사건입니다. 이것은 루디아의 신앙이 없이는 불가능한 일입니다.

더구나 루디아는 자신과 온 가족이 예수 믿고 구원받은 것으로 만족하지 않고, 자신의 집을 개방하여 많은 사람들이 모여 기도하고 예배드릴 수 있는 예배처소로 제공하므로, 마게도니아 지역에 처음 세워진 빌립보 교회가 되었습니다.

우리는 비록 내 가정을 내어놓아 교회를 개척하지는 못했다 할지라도, 우리들에게 허락하여 주신 주님의 몸 된 교회를 온 성도가 한마음이 되어 아름답게 성장시켜 나가는데 힘을 다하여야 하겠습니다.

♥ 내가 주님의 교회를 위하여 루디아처럼 드릴 수 있는 것은 무엇입니까?

_____
_____

## 비교하기

《루디아와 나를 비교하여 본받을 점과 고칠 점을 기록해 봅시다》

## 실천하기

《오늘의 말씀을 생각하면서, 한 주간 동안 꼭 실천할 것을 기록해 봅시다》

## 점검하기

《한 주간 동안 나의 신앙생활을 점검해 봅시다》

| | |
|---|---|
| ① 하나님 앞에 온전한 예배를 드렸습니까? | 예, 아니오 |
| ② 날마다 기도를 열심히 했습니까? | 예, 아니오 |
| ③ 매일 성경을 읽었습니까? | 예, 아니오 |
| ④ 지난 주 실천사항을 실천했습니까? | 예, 아니오 |

## 기도하기

《구역식구들의 형편과 처지를 생각하며, 기도제목을 나누고 함께 기도합시다》

# 11월

## 아름다운 동역자

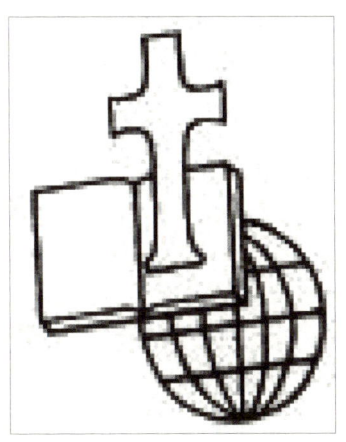

# 제45과
# 아름다운 동역자 아굴라와 브리스길라

성경본문 : 행 18:23-28
찬송 : 252, 282

"아굴라라 하는 본도에서 난 유대인 한 사람을 만나니 글라우디오가 모든 유대인을 명하여 로마에서 떠나라 한 고로 그가 그 아내 브리스길라와 함께 이달리야로부터 새로 온지라 바울이 그들에게 가매" (행 18:2)

### 인물탐구

아굴라와 브리길라는 부부입니다. 아굴라는 본도 태생의 유대인이며, 브리스길라는 로마 태생으로 명문가문 출신었습니다. 브리스길라는 브리스가의 애칭이기도 합니다. '아굴라'는 '독수리', '브리스가'는 '늙다'라는 의미입니다. 그들은 초대교회의 훌륭한 부부 사역 팀이며, 바울의 친근한 동료이기도 합니다. 그리스도를 섬김과 동시에 자신들의 직업에 충실하였으며, 아볼로에게 그리스도에 대한 메시지를 전해 준 복음의 선생이기도 합니다.

## 1. 서로 섬기는 부부

신약성경에 브리스길라와 아굴라 부부에 대하여 여섯 번 기록되는데, 복음의 아름다운 사역이 이루어지는 곳에 나란히 등장하고 있는 아굴라와 브리스길라 부부는 서로에 대한 뜨거운 사랑을 주님을 향한 사랑으로 승화시켜 나가는 이상적인 부부상입니다.

♥ 브리스길라와 아굴라 부부는 어디에서 이사 온 부부입니까?(행 18:2)

_____

_____

이들 부부는 유대인 말살 정책을 폈던 로마의 황제 글라우디오가 모든 유대인으로 하여금 로마를 떠나도록 명령함으로서, 정든 고향과 집을 버리고 로마를 떠날 수밖에 없게 되었습니다. 그런데 황제는 유대인 남자들은 다 쫓아냈지만 여자들은 원하면 로마에 남을 수 있게 했다고 합니다. 그 이유는 유대 여자들을 노예로 혹은 노리개로 부려먹기 위한 간교한 정책이었던 것입니다.

유대인 여성들은 정결했습니다. 그리고 그 당시의 유대인 아내들은 남편에게 성실했습니다. 그것은 언약 사상에 기초하여, 결혼은 단지 한 남자와 한 여자의 약속이 아니라, 하나님 앞에서 피로 맺어진 약속으로 생각했기 때문입니다. 이것은 부부가 서로 신뢰함으로써 가정을 세워나가는 철저한 헌신의 정신이 되었던 것입니다.

## 2. 말씀으로 섬기는 부부

어느 날 아굴라와 브리스길라 부부는 아볼로의 설교를 듣게 되었습니다. 그의 설교는 논리적이었고 성경적이었으며 웅변적이었습니다. 그러나 이 부부는 아볼로라는 청년의 설교에는 가장 중요한 복음적 요소가 결핍되어 있다는 사실을 알았습니다. 그들은 아볼로라는 청년을 불러 함께 말씀의 교제를 나누면서, 그리스도를 통해서 변화될 수 있는 삶의 위대한 가능성을 이야기했습니다.

♥ 아굴라와 브리스길라 부부는 아볼로에게 어떻게 했습니까?(26절)

_____

_____

아굴라 부부는 바울이 영적으로 어려움을 겪고 있을 때에도 함께 했으며, 고린도에서 1년 6개월 동안 바울에게서 말씀을 배웠습니다. 그리고 그 말씀을 지식으로서만 간직한 것이 아니라, 그 말씀으로 섬기며 헌신했습니다.

### 3. 교회 지도자를 섬기는 부부

교회는 하나님 나라를 확장하는 가장 효과적인 도구였기 때문에, 초대 교회 성도들은 주님께서 세우신 교회와 지도자들을 도우며 세계 선교회에 동참하였습니다. 아굴라 부부의 마음속에도 주님의 복음을 위하여 몸된 교회의 사역자들을 철저하게 섬겨야 한다는 의식이 깊이 박혀 있었던 것 같습니다.

♥ 그들 부부는 바울을 어떻게 섬겼습니까?

------

하나님 나라의 확장을 위하여, 예수 그리스도의 생명의 복음을 증거하기 위하여 목숨을 함께 나눌 수 있다는 의식은 초대 교회의 놀라운 하나 됨의 정신이었습니다. 바울이 바울 될 수 있었던 것은 바로 이런 애정을 가진 성도들이 주변에 있었기 때문입니다. 우리는 이들과 같이 아름다운 삶을 살아가기를 원합니다.

## 비교하기

《부부와 나를 비교하여 본받을 점과 고칠 점을 기록해 봅시다》

## 실천하기

《오늘의 말씀을 생각하면서, 한 주간 동안 꼭 실천할 것을 기록해 봅시다》

## 점검하기

《한 주간 동안 나의 신앙생활을 점검해 봅시다》

| | |
|---|---|
| ① 하나님 앞에 온전한 예배를 드렸습니까? | 예, 아니오 |
| ② 날마다 기도를 열심히 했습니까? | 예, 아니오 |
| ③ 매일 성경을 읽었습니까? | 예, 아니오 |
| ④ 지난 주 실천사항을 실천했습니까? | 예, 아니오 |

## 기도하기

《구역식구들의 형편과 처지를 생각하며, 기도제목을 나누고 함께 기도합시다》

# 제46과
# 탁월한 유대인 전도자 아볼로

성경본문 : 행 18:24-19;7
찬송 : 252, 282

"알렉산드리아에서 난 아볼로라 하는 유대인이 에베소에 이르니
이 사람은 언변이 좋고 성경에 능통한 자라"(행 18:24)

 **인물탐구**

아볼로는 '웅변가, 침략자'란 뜻 이름의 의미가 있습니다. 그는 알렉산드리아 출신의 유대인으로서, 구약 율법에 정통한 학자이며, 세례 요한의 제자로 추정됩니다. 그리고 고린도 교회의 지도자였습니다(고전 1:12, 3:4, 16:12).

그는 일찍부터 주의 도를 배워 복음전파에 노력하였으며, 뛰어난 학자요 구약에 정통한 설교자이면서도 이름 없는 브리스길라와 아굴라 부부에게 복음을 배운 겸손하고 배움에 열심이 있는 사람입니다. 그리고 자신의 의사와는 상관없이 고린도교회에 아볼로파가 형성될 정도로 그는 인격적으로도 존경받던 자입니다(고전 1:12).

## 1. 신앙과 지식이 뛰어난 사람

아볼로는 성경에 대해 뛰어난 지식을 가졌으나 그리스도의 복음에 대한 온전한 지식을 갖지 못했기 때문에 브리스길라와 아굴라 부부에게서 복음의 본질을 배워야 했습니다. 이와 같이 성경에 대해 많은 지식을 소유했다고 해서 그것이 곧 복음의 진수를 깨달았음을 의미하지는 않습니

다. 그러나 그는 그것을 부끄러워 아니하고 배우는 겸손한 신앙이었습니다.

오늘날 자신의 신분이나 지위 때문에 오히려 복음을 쉽게 받아들이지 못하는 많은 지식인들이 있는데, 만일 아볼로와 같이 겸손하게 배우려는 태도가 없다면 복음의 진수를 깨닫지 못할 것입니다.

♥ 아굴라 부부가 아볼로에게 가르쳐준 진리는 무엇입니까?(행 18:24- 26)

_____

_____

## 2. 성령세례를 받음

아볼로는 복음의 진수를 깨닫고 난 후, 에베소에서 힘써 전도하며 그리스도를 증거하였습니다. 그러나 저의 영적인 경험은 다만 세례 요한의 세례, 즉 회개에 대한 도리만 알고, 성령세례에 대한 더 깊은 경험은 알지 못하였습니다. 회개니 중생이니 성결이니 하는 영적 경험에 대하여 무관심한 전도자도 많이 있습니다.

니고데모와 같은 사람은 이스라엘의 선생이었지만 중생의 경험을 하지 못하였습니다. 그러나 아볼로와 같이 중생의 경험을 말하되 성령세례의 경험은 알지 못하는 사람은 더욱 많이 있습니다.

♥ 성경에는 세례의 종류를 몇 가지로 말하고 있습니까?

_____

요한의 세례는 회개하여 죄 사하는 것에 불과하지만, 그리스도의 세례는 성령세례입니다. 요한의 세례는 행위상 변화를 의미하지만, 그리스도의 세례는 성질상 변화를 주는 더 깊은 은혜입니다. 주님의 제자들은 오순절 날에 이 은혜를 받았습니다(행 2:1-4).

바울이 아볼로가 목회하는 에베소교회를 방문하였을 때, 그곳 성도들은 이 성령의 은혜에 관하여 알지 못하였습니다. 그러나 바울이 기도함으로 모였던 사람들이 성령세례를 받게 되었습니다.

### 3. 겸손한 목회자

아볼로는 초대 교회에서 가장 뛰어난 설교가로 인정받을 만큼 달변가였으며, 고린도 교회에 그의 당파가 생겨날 정도로 많은 추앙을 받던 자였습니다.

♥ 고린도교회 안에는 어떤 파들이 형성되어 있었습니까?(고전 1:12).

---

---

그러나 결코 그는 자신의 재능과 능력으로 자신의 인기를 도모하지 않았고, 오직 그 은사로 하나님께 영광 돌리기만을 원하였습니다(고전 16:12). 이렇듯 자신의 은사를 다하여 하나님의 영광만을 구하는 것은 실로 성숙한 신앙인의 모습이 아닐 수 없습니다.

하나님은 겸손한 자에게 은혜를 주시고, 교만한 자는 물리치십니다. 우리가 만일 신령한 경험이 부족하거든 교역자라는 체면, 교회 직분이라는 체면, 여러 해 믿었다는 체면을 다 버리고 겸손하게 주님 앞에 엎디어 기도하고 은혜를 받아 하나님의 일에 충성해야 할 것입니다.

## 비교하기

《아볼로와 나를 비교하여 본받을 점과 고칠 점을 기록해 봅시다》

## 실천하기

《오늘의 말씀을 생각하면서, 한 주간 동안 꼭 실천할 것을 기록해 봅시다》

## 점검하기

《한 주간 동안 나의 신앙생활을 점검해 봅시다》

| | |
|---|---|
| ① 하나님 앞에 온전한 예배를 드렸습니까? | 예, 아니오 |
| ② 날마다 기도를 열심히 했습니까? | 예, 아니오 |
| ③ 매일 성경을 읽었습니까? | 예, 아니오 |
| ④ 지난 주 실천사항을 실천했습니까? | 예, 아니오 |

## 기도하기

《구역식구들의 형편과 처지를 생각하며, 기도제목을 나누고 함께 기도합시다》

## 제47과
## 졸고 있는 유두고

성경본문 : 행 20:7-12
찬송 : 407, 368

"유두고라 하는 청년이 창에 걸터앉아 있다가 깊이 졸더니
바울이 강론하기를 더 오래 하매 졸음을 이기지 못하여 삼 층에서
떨어지거늘 일으켜보니 죽었는지라" (행 20:9)

 **인물탐구**

유두고의 이름은 '복되다', 또는 '행운'이라는 의미를 가지고 있습니다. 바울이 드로아에서 말씀을 강론하는 자리에 참석했다가, 졸다가 3층에서 떨어져 죽었습니다. 그러나 바울이 다시 살려 줌으로써, 성경에서 죽었다가 다시 살아난 사람의 하나가 되었습니다.

### 1. 위험한 곳에 앉아 있었습니다.

유두고는 하나님의 말씀을 듣는 자리에 있었습니다. 그런데 그는 위험한 창가에 걸터앉아서 말씀을 듣다가 졸고 있었습니다. 앉은 자세가 바르지 못함으로 인하여 이런 사고가 발생한 것입니다. 하나님의 말씀을 듣는 사람은 자세가 중요합니다. 사람의 연설이나 자기주장을 듣는 자리가 아니라 하나님의 말씀을 듣는 자리이기 때문에, 경건한 자세로 바로 앉아 마음의 눈을 열어 설교자를 바라보고 귀를 기울이는 자세가 되어야 합니다.

우리가 하나님의 뜻을 어기고 죄악을 범하는 것도 우리가 범죄 할 위

치에 있을 때 가능한 것입니다. 그러므로 우리가 죄악의 자리에 있거나 주님과 멀어질 자리에 있으면 언제 주님을 떠나 죄악의 자리에 들어갈지 알 수 없게 되는 것입니다.

♥ 시편 1편에서는 어떤 사람이 복된 사람이라고 가르칩니까?
_____
_____

우리는 우리가 자신의 위치를 항상 파악하여야 합니다. 신앙생활을 온전하게 할 수 있는 자세를 가져야 하며, 기도하는 자리, 찬송하는 자리, 말씀을 주야로 묵상하는 자리에 있어야 하겠습니다. 구경꾼의 자리이거나 방관자의 자리, 불평자의 자리, 오만한 자의 자리에 서 있어서는 안 되겠습니다.

## 2. 깊이 졸고 있었습니다.

유두고는 3층 누각의 창가에 앉아 있었을 뿐만 아니라 깊이 졸았습니다. 만일 그가 설교자의 마음을 조금만 알았더라도 위험한 자리에 앉지도 않았을 것이고 졸지도 않았을 것입니다. 그는 위험한 자리에 앉아서 깊이 졸다가 떨어져 죽게 되었습니다.

우리는 잠자는 신앙이 되어서는 안됩니다. 잠자는 신앙은 우리를 시험들게 합니다. 잠자는 신앙은 우리를 낙심하게 하고, 그로 인하여 충성도 잠자고, 봉사도 잠자고, 기도도 잠자게 되어 감사를 잃어버리고, 믿음의 기쁨을 잃어버리게 됩니다. 결국은 주님의 은혜는 잃어버리고 현실에 대한 불평과 불만만 가득하게 됩니다.

♥ 잠자는 신앙이 되어서는 안됩니다. 주님은 우리에게 무엇을 당부하고 있습니까?(마 26:41)

### 3. 문제를 만드는 사람입니다.

출애굽시대에 고라라는 사람이 있었습니다. 이 사람은 모세와 아론을 도와서 이스라엘 백성을 가나안으로 인도할 제사장의 책임을 가진 사람입니다. 그런데 그는 하나님이 특별히 모세를 사랑하시는 것을 시기하고 질투하게 됩니다. 그래서 모세를 미워하여 많은 동조세력을 만들어 모세를 비방하고 대적하게 되었습니다. 모세는 어찌할 길이 없어서 하나님의 제단에 엎드려 기도하게 되고, 하나님은 고라와 그 일당을 지진과 향로의 불로 불살라 죽임을 당하게 되는 징계를 내려 문제가 일단락 됩니다.

간혹 성도들 중에는 언제나 문제를 만들어 내는 사람들이 있습니다. 유두고가 졸다가 떨어져 죽음으로 인하여 설교가 중단되고, 열심히 말씀을 듣고 있던 성도들에게 근심과 두려움을 주게 되었습니다. 우리는 문제를 만드는 유두고가 되지 말고, 문제를 해결하는 성도들이 되어야 하겠습니다.

♥ 나로 인하여 교회에 염려를 끼친 일은 없습니까?

## 비교하기

《유두고와 나를 비교하여 본받을 점과 고칠 점을 기록해 봅시다》

## 실천하기

《오늘의 말씀을 생각하면서, 한 주간 동안 꼭 실천할 것을 기록해 봅시다》

## 점검하기

《한 주간 동안 나의 신앙생활을 점검해 봅시다》

| | |
|---|---|
| ① 하나님 앞에 온전한 예배를 드렸습니까? | 예, 아니오 |
| ② 날마다 기도를 열심히 했습니까? | 예, 아니오 |
| ③ 매일 성경을 읽었습니까? | 예, 아니오 |
| ④ 지난 주 실천사항을 실천했습니까? | 예, 아니오 |

## 기도하기

《구역식구들의 형편과 처지를 생각하며, 기도제목을 나누고 함께 기도합시다》

# 제48과
# 위대한 복음 전도자 바울

성경본문 : 행 20:21-24(참고, 빌3:5-9)
찬송 : 341, 262

"내가 복음을 전할지라도 자랑할 것이 없음은 내가 부득불 할 일임이라 만일 복음을 전하지 아니하면 내게 화가 있을 것이로다"(고전 9:16).

 **인물탐구**

바울의 히브리식 본명 사울은 '간구하다, 요구하다'라는 의미를 가지나, 헬라식으로 개명된 이름 바울은 '지극히 작은 자'라는 뜻을 가지고 있습니다. 그는 베냐민 지파 출신이며, 길리기야의 다소에서 태어났습니다. 바리새파 소속의 상류가문 출신으로, 나면서부터 로마 시민권을 소유하였습니다. 또한 가말리엘 문하생으로 학식도 높은 자였습니다.

그의 직업은 천막 제조업으로서, 유대교에서 기독교로 개종한 후, 완전한 자유인이요, 로마 시민권을 가진 당당한 신분임에도 불구하고, 이를 내세우기는커녕 모든 부류의 사람들 앞에 종 된 심정으로 세 차례나 되는 멀고먼 전도여행을 통하여 유럽 전역에 복음을 전파한 겸손한 전도자였습니다(고전 9:19).

## 1. 다메섹 도상의 체험

바울이 예루살렘 교회의 대 박해 이후 유대와 사마리아로 흩어진 성도들을 잡으려고 가는 도중에 부활하신 예수님을 만나는 놀라운 사건이 일어났습니다. 갑자기 비춰는 강한 빛으로 인해 바울은 눈을 뜨지 못한 채 그 자리에서 엎드리고 말았습니다. 바울이 "주여 뉘시오니이까?" 라고 물었을 때 예수님께서는 "네가 핍박하는 예수"라고 답하셨습니다. 바울은 그 순간 자신이 핍박했던 복음이 진리임을 깨닫게 되었습니다. 바울은 그 후로 복음의 전도자가 되었습니다.

♥ 빌 3:7-8에서, 사울이 바울로 변한 후의 모습은 어떻게 설명하고 있습니까?

---

---

## 2. 성령에 매인 바울

바울은 자기 자신을 성령에 매인 바 된 사람이라고 했습니다. 이 말은 바울의 모든 삶이 성령의 인도였다는 말입니다. 바울은 원래부터 눈물이 없는 사람이었습니다. 그는 스데반을 돌로 쳐 죽일 때 앞장을 섰던 사람입니다. 그런 바울이 예수님을 만나서 눈물의 사람이 되었던 것입니다. 바울이 이렇게 된 것은 인간의 어떤 수양으로 되어진 것이 아니라 오직 성령의 역사로 된 것입니다. 그래서 바울은 자기가 성령에 매인 바 된 사람이라고 했습니다.

바울의 달려갈 길은 성령의 매인 바 된 길임과 동시에 환난이 그를 기다리고 있는 길이었습니다. 그의 길은 주님께서 나를 위하여 먼저 가신 길이기도 합니다. 그가 나아가야 할 길은 성령님의 인도하심이 없이는 갈 수 없는 길이었습니다. 우리들도 성령의 주시는 능력을 받아서 주님이 가신 길을 따라갈 수 있는 제자들이 되어야 하겠습니다.

♥ 바울은 복음을 위하여서 자신의 생명을 어떻게 하였습니까?(행 28: 20)

---

---

### 3. 겸손한 인간 바울

바울의 원래 이름은 바울이 아니라 사울이었습니다. 그 의미는 "높다"라는 뜻도 있습니다. 그의 이름이 말하듯이, 사울은 겸손한 사람이 아니었는데, 다메섹에서 예수님을 만난 다음 그는 이름을 바울이라고 개명을 하게 되었습니다. 바울이라는 뜻은 "낮다"라는 의미가 있는 겸손의 이름인 것입니다.

바울은 그리스도를 위하여 자기 자신에게 유익한 것을 해로운 장애물로 여겼습니다. 바울은 버릴 것은 버림으로써 비로소 겸손해질 수 있었습니다. 우리들도 하나님 앞에 바로 서기 위해서는 하나님께 합당치 아니한 것들을 다 버려야 할 것입니다.

♥ 진정으로 겸손한 마음은 어떻게 이루어집니까? (엡 4:22)

_____

_____

## 비교하기

《마리아와 나를 비교하여 본받을 점과 고칠 점을 기록해 봅시다》

## 실천하기

《오늘의 말씀을 생각하면서, 한 주간 동안 꼭 실천할 것을 기록해 봅시다》

## 점검하기

《한 주간 동안 나의 신앙생활을 점검해 봅시다》

| | |
|---|---|
| ① 하나님 앞에 온전한 예배를 드렸습니까? | 예, 아니오 |
| ② 날마다 기도를 열심히 했습니까? | 예, 아니오 |
| ③ 매일 성경을 읽었습니까? | 예, 아니오 |
| ④ 지난 주 실천사항을 실천했습니까? | 예, 아니오 |

## 기도하기

《구역식구들의 형편과 처지를 생각하며, 기도제목을 나누고 함께 기도합시다》

# 12월

## 숨은 일꾼들

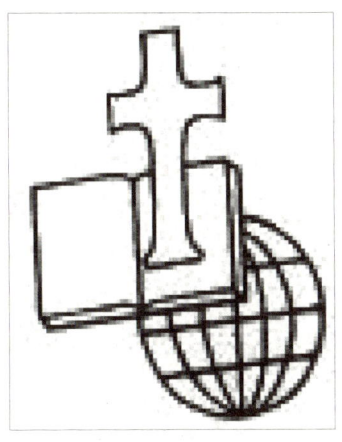

## 제49과
## 겐그레아의 여집사 뵈뵈

성경본문 : 롬 16:1-2
찬송 : 220, 524

"내가 겐그레아 교회의 일꾼으로 있는 우리 자매 뵈뵈를 너희에게 추천하노니 너희는 주 안에서 성도들의 합당한 예절로 그를 영접하고 무엇이든지 그에게 소용되는 바를 도와줄지니 이는 그가 여러 사람과 나의 보호자가 되었음이라"(롬 16:1-2)

### 인물탐구

뵈뵈는 '순결함'이라는 뜻이며, 겐그레아 교회의 여집사입니다. 사회적 지위와 재산도 소유하였으며, 사도 바울의 조력자였습니다.

그녀는 바울의 전도 여행시에 물질적 원조를 아끼지 않은 친절하고 유덕한 자이며, 바울이 그녀를 "나의 보호자"라 칭한 것으로 보아 봉사함에 있어 매우 헌신적인 자이기도 합니다.

### 1. 우리 자매 뵈뵈

성경에는 빛을 남기고 간 사람들이 많이 있습니다. 그들 중에는 이름으로 기록되어 알려진 사람들도 있고, 또 그 이름이 밝혀지지 않은 사람들도 있습니다. "겐그레아 교회의 일꾼으로 있는 우리 자매 뵈뵈"(롬 16:1)라고 사도 바울은 불과 두 구절의 짤막한 말로 로마 교회에 소개하고 있지만, 이 자매님은 매우 비범한 여자요, 드러난 일꾼이었던 것을 익히 알 수 있습니다.

뵈뵈 자매가 로마를 방문하게 됨에 따라 사도 바울이 그곳 로마 성도들에게 그를 소개하며 또 그를 그들의 사랑에 부탁하는 글입니다.

♥ 오늘 본문에서 바울은 로마 성도들이 뵈뵈를 어떻게 접대하기를 권하고 있습니까?

---
---

사도 바울이 뵈뵈를 "우리 자매"라고 부른 것을 보면, 뵈뵈 자매에 대한 친밀감과 존경심과 신뢰심을 엿볼 수 있습니다. 이것은 물론 뵈뵈 자매의 주님에 대한 뛰어난 믿음의 역사와 사랑의 수고, 즉 교회와 그 성도들 뿐만 아니라, 또한 사도 바울과 같은 주님의 사역자들까지도 물심양면으로 돌아보는 그의 은밀하고 헌신된 삶에 대한 감동의 표현이 아닌가 생각합니다. 우리도 다른 성도들에게 "우리 자매"라고 하는 사랑이 담긴 뜻 있는 천거를 받을 수 있기를 원합니다.

### 2. 교회의 일꾼 뵈뵈

겐그레아는 지리적으로 고린도 동부의 한 항구 도시입니다. 그리고 겐그레아 교회는 작은 규모의 교회가 아니고 비교적 큰 교회가 아니었나 생각합니다. 아마 뵈뵈 자매는 상당한 덕과 유익을 교회에 끼치고 있었던 것 같습니다. 그리고 하는 일이 매우 실제적이고 헌신적이었던 것 같습니다. 그러므로 겐그레아 교회 성도들뿐만 아니라 다른 지역 교회와 사도 바울과 같은 사역자들까지도 서슴없이 그를 "교회의 일꾼"으로 인정하며 존경했던 것 같습니다.

우리는 다른 성도들로부터 "교회의 일꾼"이라고 칭함을 받을 만큼 교회를 사랑하고, 교회를 위해서 나의 삶을 바치고 있는지를 반성하게 됩니다.

♥ 우리가 교회의 일꾼이 된 목적은 무엇입니까? (골 1:25)

_____

_____

### 3. 보호자 뵈뵈

"보호자"라는 말은 후원자 또는 보증인과 같은 사람에게 쓰여질 수 있는 칭호입니다. 즉 "보호자"란 말은 부모로서 자식에 대한 의무를 대신하는 사람을 가리켜 사용되는 낱말입니다. 보호자는 그가 보호하는 사람의 신분과 재정뿐만 아니라, 그의 일신상의 모든 문제에 대해서까지 부모처럼 돌보는 사람을 가리킬 때 쓰이는 낱말입니다.

이방 선교에 있어 바울의 역할은 절대적이었습니다. 그러나 그 이면에는 바울과 다른 성도들을 물심양면으로 힘껏 도운 뵈뵈와 같은 조력자들의 도움이 없었다면 능히 하나님의 일을 감당할 수 없었을 것입니다. 우리도 비록 천국 확장을 위해 절대적인 역할은 못한다 할지라도, 뵈뵈와 같이 돕는 자로서 그 봉사와 헌신을 다할 수 있어야 하겠습니다.

♥ 내가 교회의 사역자들을 도울 수 있는 부분은 무엇입니까?

_____

_____

## 비교하기

《뵈뵈와 나를 비교하여 본받을 점과 고칠 점을 기록해 봅시다》

## 실천하기

《오늘의 말씀을 생각하면서, 한 주간 동안 꼭 실천할 것을 기록해 봅시다》

## 점검하기

《한 주간 동안 나의 신앙생활을 점검해 봅시다》

| | |
|---|---|
| ① 하나님 앞에 온전한 예배를 드렸습니까? | 예, 아니오 |
| ② 날마다 기도를 열심히 했습니까? | 예, 아니오 |
| ③ 매일 성경을 읽었습니까? | 예, 아니오 |
| ④ 지난 주 실천사항을 실천했습니까? | 예, 아니오 |

## 기도하기

《구역식구들의 형편과 처지를 생각하며, 기도제목을 나누고 함께 기도합시다》

# 제50과
# 숨은 일꾼 두기고

성경본문 : 엡 6:21-24
찬송 : 321, 545

"두기고가 내 사정을 다 너희에게 알려 주리니 그는 사랑 받는 형제요 신실한 일꾼이요 주 안에서 함께 종이 된 자니라"(골 4:7)

### 인물탐구

두기고라는 이름의 뜻은 '유쾌함'입니다. 사도 바울의 옥중생활에 유쾌함을 준 이가 곧 두기고입니다.

두기고는 사도 바울의 사랑을 받은 형제였습니다. 그는 아시아 사람으로(행 20:4) 바울의 전도를 받고 그리스도인이 된 사람입니다. 또한 바울과 두기고는 영적인 스승과 제자의 관계입니다. 두기고는 바울의 3차 전도여행에 동행하였으며(딤후 4:12, 딛 3:12), 바울이 감옥에 갇혔어도 그를 떠나지 않고 그의 손과 발이 되었고, 그의 입이 되었습니다.

## 1. 의리의 형제 두기고

위기의 순간에 함께 있는 사람이 진짜 친구요 동역자입니다. 탕자가 돈이 많을 때는 친구가 들끓었지만, 돈이 떨어지니 모두 그의 곁을 떠나갔습니다. 그들은 친구가 아니었던 것입니다. 주님께서 수천 명을 오병이어로 먹이시고, 죽은 자를 일으키시고, 눈먼 자를 고치실 때 제자들은 너나 할 것 없이 내가 일등공신이니 한자리 해먹겠다고 난리였습니다. 그러나 빌라도의 법정 앞에서 수치를 당하시며 고통을 당하실 때 제자들은 저 살겠다고 모두 도망쳤습니다. 주님의 수제자요, 변화산의 그 영광스런 자리에서 '여기에 집을 짓고 함께 살자'던 베드로는 세 번씩이나 주님을 부인했습니다.

그러나 두기고는 바울의 곁을 지켰습니다. 데마처럼 제 살길 찾아 떠날 수도 있었지만, 두기고는 옥에 갇힌 바울을 돕고 보살피며 뒷바라지를 한 우직하고 믿음 있는 의리의 사람이었습니다.

### 2. 사랑 받은 형제 두기고

사람들은 누구나 사랑받기 원합니다. 거짓말 중에 새빨간 거짓말이 세 개 있다고 하지요? 노인이 하루빨리 죽어야겠다는 것, 처녀가 시집 안 가겠다는 것, 내 손에 장을 지지겠다는 것이 그것입니다. 그런데 하나 더 추가할 것이 있습니다. "우리 부부는 평생 싸움 한번 안했다"는 것입니다. 부부는 평생을 살면서 수도 없이 부부싸움을 합니다. 부부 싸움의 가장 큰 이유는 "사랑"입니다.

사랑은 서로 이해하여 주는 것입니다. 바울의 말년에 사랑으로 함께 하는 두기고가 있었습니다. 바울은 에베소교회의 성도들에게 자신의 사정과 옥중의 일을 알려주기를 원했습니다. 바울의 사정과 형편을 가장 잘 이해하고 있는 두기고에게 그 일을 맡깁니다. 주님도 사랑하는 사람에게 일을 맡기시는 것입니다.

♥ 빌 4:8은 무엇을 권면하고 있습니까?

---

---

### 3. 진실한 일꾼 두기고

훌륭한 사람들의 곁에는 그를 돕는 보이지 않는 손들이 있습니다. 훌

룡한 남자 뒤에는 어머니나 아내의 보이지 않는 헌신이 있습니다. 좋은 하나님의 일꾼들에게도 보이지 않는 돕는 이가 있습니다. 바울의 뒤에는 보이지 않는 일꾼 두기고가 있었습니다. 성령께서는 보이는 일꾼 바울을 사용하셨을 뿐만 아니라, 숨은 일꾼 두기고도 함께 사용하셨습니다.

두기고는 사랑 안에서 진실을 가슴에 품은 사람이었습니다. 길이요 진리요 생명이신 주님에게 속한 사람이었습니다. 주님의 종 바울에게 속한 진실한 일꾼이었던 것입니다.

♥ 엡 3:6은 주님 안에서 우리들은 어떤 관계임을 말씀하고 있습니까?

---

---

관중의 박수갈채를 받는 주인공 뒤에는 이름 없는 엑스트라가 있습니다. 다윗이 왕이 되기까지는 요나단의 숨은 공로가 있었습니다. 바울의 공로가 중요한 만큼 두기고의 보이지 않은 공로도 중요합니다.

보이지 않는 진실한 일꾼들이 많이 있는 교회는 부흥합니다. 교역자의 드러난 헌신도 중요하지만 평신도의 나타나지 않는 헌신이 더 중요합니다.

## 비교하기

《두기고와 나를 비교하여 본받을 점과 고칠 점을 기록해 봅시다》

## 실천하기

《오늘의 말씀을 생각하면서, 한 주간 동안 꼭 실천할 것을 기록해 봅시다》

## 점검하기

《한 주간 동안 나의 신앙생활을 점검해 봅시다》

| | |
|---|---|
| ① 하나님 앞에 온전한 예배를 드렸습니까? | 예, 아니오 |
| ② 날마다 기도를 열심히 했습니까? | 예, 아니오 |
| ③ 매일 성경을 읽었습니까? | 예, 아니오 |
| ④ 지난 주 실천사항을 실천했습니까? | 예, 아니오 |

## 기도하기

《구역식구들의 형편과 처지를 생각하며, 기도제목을 나누고 함께 기도합시다》

# 제51과
# 헌신의 사람 에바브로 디도

성경본문 : 빌 2:25-30

찬송 : 351, 350

"그러나 에바브로디도를 너희에게 보내는 것이 필요한 줄로 생각하노니 그는 나의 형제요 함께 수고하고 함께 군사 된 자요 너희 사자로 내가 쓸 것을 돕는 자라 "(빌 2:25)

### 인물탐구

에바브로 디도라는 이름의 뜻은 '사랑스러운'이라는 뜻입니다. 그의 이름이 상징하듯 에바브로 디도는 사도 바울과 빌립보 교회 교인들로부터 지극한 사랑을 받은 사람입니다. 그는 빌립보 교회의 대표자로서 빌립보 교인들이 바울을 돕고자 보내는 '사랑의 헌금'을 가지고 로마에 도착하여 감옥에 갇혀 있는 바울에게 헌금을 전달함은 물론, 실제적인 도움을 주기 위하여 바울 곁에서 온 힘을 다하여 그를 도와 간병하였던 사랑의 봉사자였습니다.

### 1. 바울의 형제 에바브로 디도

바울은 에바브로 디도를 그리스도 안에서 하나님을 한 아버지로 모신 영적 가정의 한 형제 즉 믿음의 한 식구로 보았습니다. 집안에서 형제란 그 누구보다도 가까운 사이로서 흉허물 없이 터놓고 서로를 도와주는 사랑스러운 관계입니다. 때로는 형제들이 다투고 싸우기도 하지만, 힘들거나 어려운 일을 당하면 서로 돕고 돕는 형제애가 나타나는 것을 볼 수 있습니다. 사도 바울과 에바브로 디도는 서로 사랑하고 아껴주는 아름다운 형제관계로 지냈습니다. 바울이 병이 들었을 때 얼마나 지극히 간호를 하였는지, 오히려 디도가 병이 나고 말았습니다.

♥ 시편은 형제들이 서로 사랑하고 서로 아끼는 것을 어떻게 표현하고 있습니까?(시 133:1)

_____
_____

사도 바울과 에바브로 디도 간의 희생적인 사랑과 헌신을 본받아 서로 믿음 안에서 아껴주며 서로 사랑하는 형제애로 뭉쳐진 교우들이 되어야 하겠습니다.

### 2. 함께 군사 된 에바브로 디도

사도 바울과 에바브로 디도는 단순한 형제애와 사랑으로 서로를 보살펴주고 아껴주는 것 이외에도 이들은 복음 사역을 위해 신앙 안에서 '함께 수고한 자'로서, 사단과의 싸움을 위한 영적 군사로서 함께 연합한 자였습니다. 전장에서 생명을 내걸고 싸우는 군인들처럼, 사도 바울과 에바브로 디도는 함께 '그리스도의 군사'된 자로서, 복음을 위해 생명을 내걸고 함께 수고하는 자로 열심히 뛰었습니다.

그리스도의 군사 된 자는 어떠한 죽음의 위협이 와도 생명을 내걸고 악한 권세와, 즉 사탄과 싸워 이겨야 합니다. 그리고 군사는 전쟁에서 후퇴해서는 안 됩니다. 또한 그리스도의 좋은 군사는 세상에 매여 있어서는 안 되고, 전적으로 주님께만 매여 있어야 됩니다.

♥ 우리가 대적하는 상대는 누구입니까?(엡 6:12)

_____

♥ 그리스도의 군사는 무엇으로 무장하고 싸우러 나가야 합니까?(엡 6:13)

### 3. 진정한 친구 에바브로디도

♥ 에바브로디도는 자신의 몸을 돌보지 아니하고 바울을 간병하다가 죽음에 이르게 되었습니다. 그 목적은 무엇입니까?(빌 2:30)

　세상에서 가장 훌륭한 친구가 있다면, 그것은 자신을 대신하여 죽어줄 수 있는 사람일 것입니다. 혹 나는 누구를 위하여 대신 죽어 줄 수 있습니까? 만일 나도 그럴 수 있다면 그에게 가장 훌륭한 친구가 되는 것입니다.

　예수님은 우리와 영원한 친구가 되시기 위하여 우리를 대신하여 십자가에 못 박혀 죽으셨습니다. 그리고 우리에게 친구라고 말씀하시는 것입니다. 에바브로디도는 바울을 위하여 자기의 생명을 희생하여 우리에게 사랑의 본이 되었습니다.

## 비교하기

《에바브로디도와 나를 비교하여 본받을 점과 고칠 점을 기록해 봅시다》

## 실천하기

《오늘의 말씀을 생각하면서, 한 주간 동안 꼭 실천할 것을 기록해 봅시다》

## 점검하기

《한 주간 동안 나의 신앙생활을 점검해 봅시다》

| | |
|---|---|
| ① 하나님 앞에 온전한 예배를 드렸습니까? | 예, 아니오 |
| ② 날마다 기도를 열심히 했습니까? | 예, 아니오 |
| ③ 매일 성경을 읽었습니까? | 예, 아니오 |
| ④ 지난 주 실천사항을 실천했습니까? | 예, 아니오 |

## 기도하기

《구역식구들의 형편과 처지를 생각하며, 기도제목을 나누고 함께 기도합시다》

## 제52과
## 믿음의 아들 오네시모

성경본문 : 몬 1:10-12
찬송 : 274, 276

"갇힌 중에서 낳은 아들 오네시모를 위하여 네게 간구하노라 그가 전에는 네게 무익하였으나 이제는 나와 네게 유익하므로 네게 그를 돌려보내노니 그는 내 심복이라"( 몬 1:10-12)

### 인물탐구

그의 이름의 의미는 '이익'이라는 것이며, 골로새인 빌레몬의 종으로 일찍이 주인에게 죄를 짓고 로마에 도망하여 있는 중 바울에게서 복음을 듣고 회개하여 신자가 되었습니다. 바울은 그를 "갇힌 중에서 낳은 아들"(10절)이라고 불렀습니다.

바울의 권유로 빌레몬의 용서를 받았으며, 후일에 바울의 동역자로서, 더 나아가 사도 교부로 알려진 안디옥의 익나티우스가 에베소인들에게 보낸 서신에 따르면, 그는 에베소 교회의 감독이 되었다고 합니다.

### 1. 믿음으로 낳은 아들

오네시모는 빌레몬 집안의 노예였습니다. 빌레몬의 집안에서 그는 아주 중요한 직분을 맡았던 것으로 보입니다. 그것은 그가 주인의 신임을 받는 노예라는 것을 의미합니다. 그런 그가 주인으로부터 도망쳤습니다.

고대 로마는 노예의 노동에 절대적으로 의존하고 있는 사회였으므로, 노예의 도망은 사회질서를 혼란케 만드는 용서받지 못하는 범죄행위였습니다. 그럼에도 노예의 도망은 빈번히 일어나고 있었습니다. 로마에는 아는 사람이 아무도 없는데, 주인을 통해서 바울이라는 선생님이 로마 옥에 갇혀 있다는 소식을 들었습니다.

오네시모가 바울을 찾아갔습니다. 바울사도는 오네시모에게 열심히 복음을 전하고, 예수를 전했습니다. 오네시모가 예수님을 믿게 되었고, 완전히 달라졌습니다.

♥ 그런데 왜 그는 가능한 한 주인의 손길이 미치지 못하는 곳으로 도망치지 아니하고 바울에게로 찾아갔습니까?

_____

_____

♥ 바울은 오네시모를 누구라고 소개하고 있습니까?(몬 1:10)

_____

_____

### 2. 주인에게로 돌려보내진 노예

바울사도가 빌레몬에게 전할 편지를 썼는데, 이 빌레몬서를 오네시모 편에 전달하도록 하여 그를 돌려보냈습니다. 그 당시는 종이 도망갔다 붙잡히면 가차 없이 죽이는 시대였습니다. 더구나 오네시모는 돈까지 훔쳐 도망간 종이었기에, 살아남을 길이 없는 상황입니다.

바울이 오네시모를 빌레몬에게 돌려보내는 것은, 온전한 복음의 선포를 위함인 것입니다. 그리스도 안에서의 자유는 용서를 기초로 하기 때문에, 주인으로서 빌레몬이 오네시모를 용서하고 자유롭게 하도록 하기 위함이었습니다.

♥ 바울은 빌레몬에게 오네시모를 어떻게 부탁하였습니까?(몬 1:16-18)

_____

### 3. 유익한 종이 된 오네시모

오네시모는 제 발로 도망쳐 나온 주인 빌레몬의 집으로 다시 찾아 들어갔습니다. 죽이면 죽임을 당할 수밖에 없고, 때리면 맞을 수밖에 없는, 솔직히 다시는 돌아가고 싶지 않던 주인을 찾아갔습니다. 그는 자기에게 신앙을 전해준 하나님의 종 바울에게 순종하였고, 그보다 더 나아가 그것이 하나님을 섬기는 성도의 바른 자세라고 믿었기 때문입니다.

♥ 오네시모를 용서해야 할 이유를 바울은 무엇이라고 하였습니까?

용서받은 오네시모는 훗날 교회의 감독의 자리에까지 오른 지도자가 되었으며, 바울과 함께 평생 복음을 전하다가 바울이 순교할 때에 함께 순교 당한 순교자가 되었다고 합니다. 만약 바울의 노력과 빌레몬의 관용이 없었더라면 오네시모는 영원히 노예로서의 삶을 살 수 밖에 없었을 것입니다. 혹 우리도 용서하지 못해서 그리스도를 멀리하게 한 사람이 있다면 믿음으로 용서하여야 할 것입니다.

## 비교하기

《오네시모와 나를 비교하여 본받을 점과 고칠 점을 기록해 봅시다》

## 실천하기

《오늘의 말씀을 생각하면서, 한 주간 동안 꼭 실천할 것을 기록해 봅시다》

## 점검하기

《한 주간 동안 나의 신앙생활을 점검해 봅시다》

| | |
|---|---|
| ① 하나님 앞에 온전한 예배를 드렸습니까? | 예, 아니오 |
| ② 날마다 기도를 열심히 했습니까? | 예, 아니오 |
| ③ 매일 성경을 읽었습니까? | 예, 아니오 |
| ④ 지난 주 실천사항을 실천했습니까? | 예, 아니오 |

## 기도하기

《구역식구들의 형편과 처지를 생각하며, 기도제목을 나누고 함께 기도합시다》